大活字本シリーズ

磯田道史

無私の日本人 《下》

埼玉福祉会

無私の日本人

上

装幀　関根利雄

無私の日本人／上巻　目次

無私の日本人

穀田屋十三郎

穀田屋十三郎

みちのくの春はおそいが、いったん野に若草が萌え、桜の木に花芽がつくと、一気に、桃の花びらがほころび、山が笑う。堰をきったように、清らかな水がほとばしり出て、田畔《たぐろ》を滔々と流れ、村里をうるおす。うららか、といえば、これほど、うららかな日もあるまい。

だが、先刻から、十三郎《じゅうざぶろう》は、ため息をついている。まさに長大息といっていい深く長いため息をつきながら、宿場町のなかを、とぼとぼと歩いている。

——吉岡宿《よしおかじゅく》
というのが、奥州街道沿いのこの宿場町の名である。家数は二百軒ほどであり、町はずれに一里塚があって、そのうえに、天にあらがうかのような杉の大木がそびえている。

「吉岡の一里塚は御城下から六つ目」

といわれているから、仙台城下から六里ほどのところにあるが、宿場といっても、ほとんどが半農の家々で、すこぶる貧しい。その貧しい茅葺き屋根のつらなりのむこうに、七つ森という六曲の屏風をたてたような明媚な山なみがみえる。

十三郎は子供のころからこの眺望が好きで、朝夕ながめてきたが、今日という日は、この春のうららかさに出会えば出会うほど、胸に重くのしかかってくるものがあって、この美しい連山を眺める意志を砕かれ、むしろ地を這いずりまわりたくなるような、どうしようもない、いらだちを感じた。

十三郎は、憂いにまかせて歩みをすすめるうち、小さな宿場の街並みをぬけてしまい、ふと気がつくと、

「堰上様」

のところまできていた。

堰上様というのは、堰上明神のことで、吉田川のほとりに、小さな祠として祀られている。吉岡宿は、この堰上様のところに堰をかまえて、用水を引き、一面の水田をうるおしている。春になると、堰上様

のかたわらの堤には、つくしが生えた。

十三郎は、この宿場の生まれである。幼いころは、つくしをよく採った。しかし、「堰上様のところで採ってきた、つくし」というと、大人たちの目は沈み、きまって黙りこくる。幼な心に不思議に思って、父にきくと、こういった。

「堰上様を、ありがたく思わねばならぬぞ。吉田川は、おとなしゅうみえるが、暴れ川じゃで、往古より、大水が出ると、堰上様のところで用水堰が切れた。それで宿中みなで議して、人柱をたてたのじゃ。どこのお方を人柱にしたのかは知らぬ。となりの大衡《おおひら》では、たまたま、通りかかった歩き巫女を捕らえて、地に臥して命乞いするのを無理やり縛り、村人みなで泣きながら埋めたときく。その巫女を祀ったのが大衡の巫女御前社じゃ。おまえもみたことがあろう。わしらの吉岡でも、あるいは、そのような、むごいことをしたのかも知れぬ。ともかくも、それでもって、わしらは水の難をまぬがれ、稲田に永代の潤いを授かってきたのじゃ」

衝撃的であった。嘘だと思いたかった。すがるような目で父をみた。

「嘘ではない。ある年、堰が潰れた。ほんとうに、人骨があらわれたのじゃ。古老がいうた。『人柱の骨なり。祠に祀るべし』」

堰上様の祠が東を向いているのは、用水が田をうるおし、稲穂がたなびくのを、ずっと見守っているからだ、という。そういうことを語るときの、父のまなざしは、みずから人柱にでもなりかねないような、にぶい光をたたえていた。

父が死んで、もう三年になる。吉岡宿きっての商家の当主で、六代目浅野屋甚内《じんない》といった。代々酒造をなりわいとしていたが、商いよりも学問のほうが性分に合うらしく、生きていたころは、近所の子どもをあつめては、ただで読み書きを教え、寺子屋の師匠のまねごとをするのを楽しみにしていた。

十三郎は、この父が二十のときの子で、長子であったが、家は継がず、実家からほんの数軒先の、

――穀田屋《こくだや》

という造り酒屋に養子に入った。親しくしていた穀田屋のあとが絶えそうになったので、

「入らぬか」

そういわれて、跡に入ったのである。

「長子を養子に出さぬでもよかろう」

という話もあったが、どういうわけか、そうなった。いま、実家は四歳年下の弟が七代目を継ぎ、浅野屋甚内を襲名している。あるいは、自分は父に見限られ、捨てられたのではないかと、思うこともあるが、そんなことは、今更いっても仕方がない。

父のことで、よく覚えているのは、晩年、思いつめたように、

「永代のうるおい」

ということを、繰り返しいっていたことだ。はじめは、なんのことを

いっているのか、よくわからなかった。

「宿中《しゆくちゆう》が立ちゆくようにせねばならぬ。この宿の永代のうるおいになるようなことをして死にたい」

そういったこともある。うわべの文句ではなかった。悲しげな目で、心底、そういった。実際、晩年の父は、なにか鬱々として楽しまぬ風があり、いつのまにか、九品寺の和尚から、

「教運庵大誉無慶善士」

という戒名をもらっていた。寺子屋で人を教えるのを道楽にしていたから「教運庵」というのは、うなずけたが、

「無慶（慶びなし）」

というのは、どうにも解せなかった。

その父の胸のうちが、おぼろげながら、わかるようになったのは、ほんの近頃のことである。

(近年、この吉岡宿の疲弊がはげしい。この先どうなるのか)

先日、そのことに思い至り、はっとしたのである。長年、住んできた吉岡は、表通りのいたるところに、潰れ家ができ、空地にはぺんぺん草が生え、櫛の歯が欠けたようになってしまっている。いわゆる町場の「草臥《くたび》れ」である。このまま、くたびれていってしまえば、地獄のような困苦がしのびより、この町を覆いつくすのではないか。生来の空想家であった父は、いちはやく、そのことに気づき、もがいていた。父の浅野屋は宿場でもとびぬけた富豪であるし、自分の穀田屋もそれなりの身代《しんだい》である。自分の家族が生きのびる。ただ、それだけのことを考えるならば、なんの心配も要らないはずである。しかし、この吉岡で、貧しい者から順番に餓死の波にのまれていく悲惨な光景のとなりで生きていくのは、理屈ではなく恐ろしい。これほどまでに、そら恐ろしいと感じるのは、なぜだかわからない。ともかく、これからの行く末を考えると、全身の毛穴に粟粒が生じるような不安が胸にせまってくるのである。

（ご公儀はお百姓を取り絶やすためのものか）

十三郎は、そのことを思わざるをえなかった。先刻から物憂げになっているのは、そのことが、かかわっている。

——公《おおやけ》

というものが、おのれの暮らしを守れなくなったとき、人々は、どう生きればよいのか。いま、十三郎が歩きながら考えているのは、そのことであった。

（せめて、蔵入り地であったらな）

つまらぬことを思った。蔵入り地というのは「殿様の直轄領」のことである。

吉岡宿は、運の悪いことに、蔵入り地ではなく、

——所《ところ》拝領の地

にあたっている。考えてみれば、これが、そもそも不幸のはじまりであった。

所拝領の地というのは、殿様から重臣に下賜された土地のことであ

る。吉岡宿は殿様から但木《ただき》家という千五百石の重臣に投げ与えられてしまった。悪い領主ではないが、いかんせん千五百石である。領主としては小さすぎ、領民への手当や世話が行き届かない。

（おなじ領民であるのに、これほどまでに、待遇に差があるのは、理不尽ではないか）

事実、吉岡の者は、みな、その不満をくすぶらせている。

（うちの殿様ほど古めかしい御大名もあるまい）

十三郎は、そんなことまで考えはじめた。うちの殿様というのは、いうまでもなく、仙台藩伊達の殿様のことである。伊達家は家柄が古い。遠く鎌倉御家人の系譜をひいている。この家は、日本の奥地に、主《ぬし》のように居座っていたことから、にわかには信じられぬほどに、太古の制度を遺している。

たとえば、「石高」ではなく、いまだに戦国さながらの「貫高」をつかっている。一貫文はおよそ八反歩の地面をあらわし、他藩で知行百石というところを知行十貫文などといっている。百姓も同じで、持っている田畠を「貫文」で、いいならわしている。

そもそも、伊達家では、おもだった家来衆を仙台城下に常住させていない。六十二万石の広大な領地に散らばって住ませ、なかには城館をもたせて、

――領内で参勤交代
をやっている。このような御家中は珍しい。

伊達家の重臣は、ちょうど御大名が江戸と国元を往復するように、

仙台城下と城館のあいだを参勤交代している。まったく奇怪な光景といっていい。

ご公儀（幕府）は豊臣を亡ぼしたのち「一国に一城」と定めて、御大名がたくさんの城砦をかまえるのを禁じたはずであった。ところが、伊達家はこれを免れているのである。十三郎がきいたところでは、藩祖・政宗公のときに、

「あれは城ではない。要害じゃ。所じゃ」

と、強弁したという。詭弁であったが、徳川のほうも、九州や陸奥の端までは、うるさくいわなかったものとみえて、そのままになったときく。

その結果、伊達領内は要塞だらけとなり、それぞれの要塞が重臣た

ちの「所」として拝領されていき、

――吉岡城
という城館のあったこの吉岡宿も「所拝領」の地として、伊達家の宿老（重臣）・但木氏に投げ与えられてしまった。

（これこそが吉岡にとっての不利益のはじまりである）

十三郎としては、そう思わざるをえない。

ゆらい、宿場は負担が重い。

――伝馬役《てんまやく》
というのがあり、ふつうの農民のごとく年貢だけではすまない。藩が公用で街道を往来するといって人馬を強制的に徴発していく。これが理不尽に重く、たえがたい。ほんとうに宿場町が衰退してしまうので、伊達家のほうでも考えたらしい。

――伝馬御合力《ごうりき》

という助成制度をつくって、宿場町に金をくばり、疲弊を防ぐことにした。

（しかし、これには落ち度がある）

十三郎は、これを思うたびに、腹の底から悔しさが、こみあげてくるのだが、なんと、この助成制度では、吉岡には、一銭も支払われない。

（なぜ、この吉岡だけこのような目にあうのか。ひどい差別ではないか）

宿場じゅうが、長年、嘆いているのだが、どうにもならない。

「吉岡宿は但木家の領地であり、そのほうらは但木家の領民である。伊達の殿様の領民ではないのだから、殿様から合力がもらえるわけがなかろう」

藩の役人は、この一点張りで、らちがあかない。

それで、吉岡宿は、そこに住まうだけで、重い負担がのしかかってくる途方もない町になり、飢饉のたびに、住人が退転していき、家数が減ってきている。家数が減れば、一軒あたりにのしかかってくる伝馬役はさらに重くなり、そのために、また家数が減っている。

(この町は、たちの悪い仕掛けに、はまっている)

そのことに気が付いてしまったがゆえに、十三郎は、桃の花が咲き誇るのをみても、心が、すこしも浮き立ってこない。むしろ、春の陽射しが、のどかであれば、あるほど、心が、虚ろになってくる。

(このままでは吉岡は亡ぶ。なんとかできぬか)

五間堀用水の流れのはたを歩きながら、考えてみるのだが、ただ、むなしく時が過ぎる。

そのとき、一人の男の名が浮かんだ。

——菅原屋《すがわらや》篤平治《とくへいじ》

吉岡宿きっての知恵者として知られている。

(篤平治ならば、あるいは……)

そう思ったのである。この男は、

——茶師
であった。

吉岡は、ふるくから茶どころで、仙台で飲まれている茶は、ほぼこのあたりの産である。ただ、他国へもっていくと、すこぶる評判が悪い。

——陸奥の茶
といえば、それだけで馬鹿にされた。

「茶は北国にあわぬ。陸奥の黒川などで、銘茶ができるものか」

そういわれた。しかし、菅原屋は、めげなかった。

「京の宇治茶に負けぬものがつくれる」

と言い張り、茶の木を育て続け、ほんとうに、宇治の上喜撰にも劣らぬ銘茶をつくりあげた。それで、吉岡の者たちは瞠目した。菅原屋は、理の通ったことをいうから、町の寄合などでも、このところ一目おかれるようになっている。

十三郎の家からみれば、斜めむかいに店をかまえている。それもあって、桃の節句のころになると、自慢の茶を、ひとに振る舞いたくなるのか、先日も、

「わしの喜撰をのみにこい」

と、声をかけてきた。

篤平治は三十五歳だから、年からいえば、十三郎のほうが、ちょうど、ひとまわり年上で、ともに子年《ねずみ》である。店の身代は、十三郎のほうがずっと大きいが、菅原屋は老成したかんじで、物知りであったか

ら、篤平治と接すると、いつも年齢とはあべこべに、師匠に教えを乞うような、かんじになる。

十三郎は、日が暮れるのを待ち、思い切って、菅原屋の敷居をまたぐことにした。「茶を飲みにこい」とむこうから誘われているのだから、訪ねるぶんには、なんの遠慮もいらないはずであった。十三郎は家の前の道を斜めにわたって、菅原屋の門口に立った。

——それは、明和三（一七六六）年（旧暦）三月五日夜のことであった。

と、のちに、その日付が、記録されている。

菅原屋手製の喜撰は、さすがにうまかった。小茶碗で飲み干すのだが、まことに後の気味がよい。飲み干すと、菅原屋が、たちまち、別の茶を注いでくる。

「もう。すこしだけで」

「いや、ひとに呑んでもらうのが、わしの楽しみじゃから」

「なら、遠慮はすまい」

「ことしの茶は五種じゃ。すこしずつ味がちがう」

十三郎は、また茶碗を干した。

「ほう。たしかにちがう。それにしても、よい茶じゃの。吉岡でもこういうものができるとは、お国自慢のひとつもできるというもの」

菅原屋は、ほおをゆるめた。

「これは内密じゃが、わしには念願がある。おぬしだけには、うちあけるが、わしは、京の九条関白家に、この茶を献じてみようと思うておる」

「……」

啞然とした。この男は、ただ者ではない。陸奥の茶が馬鹿にされるのは、ただ産地が都から遠い田舎ということによる。ならば、都にいる最高位の公家に茶をおくり権威づけてもらえば話はすむ。この男は、問題の解法を瞬時に考え出したに違いない。天下の関白家の威圧をものともせず、自分の茶の評判とりに使うという知恵である。痛快というべきか。恐ろしいというべきか。

「とてつも、ないことを、と思うであろう。しかし、願うばかりでは、いつまでたっても、かなわぬ。人のいのちには限りがある。このままでは、吉岡はすたるばかりじゃ。なんの国産もなければ、ここでは喰うてゆけまい。京に茶をおくって、陸奥の国でも、このような茶ができる。そういうことになれば、この宿のためにもよかろうと思うておる」

その通りであった。願うばかりでは、未来永劫、なにも変わらない。十三郎の全身に電撃が走った。脳天をぶたれたような気がした。これほどの男を前にして、なにをもたついている、自分の思いのたけをぶつけねばと思った。堰を切ったように、語りだした。

「実は、どうにかならぬか、と思うて、ここへきた」

「ほう」

「近年、世上はみな困窮とはいいながら、この吉岡三町のすたれかたは、あまりにひどい。年ごとに空き屋敷がふえ、家屋敷をゆずりたくても、買い手がつかぬ。金をつけても、吉岡の家屋敷は買いとうない、という有様。なんたることかと思う。貴殿は、いかにして、こうなったと思われるか」

「なるほど、私もそのように思うが、そういうからには、まずは穀田屋さんのお考えからきかせていただけまいか」

用心深い篤平治は、さぐってきた。お上にかかわることを自分から不用意にしゃべり、言質《げんち》をとられて、あとで密告などされては困ると思ったらしい。ならば、こちらから、踏み込むしかない。思い切って、しゃべることにした。

「そもそも、この宿場は、昔から御百姓の人馬に比べ、田地が少ない。二百軒あるけれども、一貫文（八反歩）の田地を持つ御百姓はいくらもおるまいて。屋敷ばかりで田地をもたぬ者もまた多い。それゆえ、なるべく商売で世を渡っておるのじゃが、このごろは、いつになく景気が悪い。月に六度の市もさびしく、ほかよりも、どんどん、さびれつつあるように思える」

「なるほど。穀田屋さんの言われること、ごもっともと思う。けれども、それだけではあるまいて。田地がすくないうえに、ほかの宿場とちがって、伝馬御合力がもらえない。そのうえ、伝馬の負担がいっそう重くなっている。というのも、仙台のお殿様はすっかり手元不如意になって、近場の材木は切って売りつくし、奥地の材木をどんどん切ってこられる。これを運べといわれるから、伝馬の負担が昔とはくらべものにならなくなっているのではありますまいか。伝馬の御用に苦しみ、とかく、吉岡に家屋敷をもつのは損と心得て、人がいなくなっているのが、真実のところでしょうな」

菅原屋は、驚くべきことをいった。十三郎は、ごくりと咽喉を動かし、あたりをみまわした。戸障子のかげで、誰かがきいていてはまずい。それは御政道の忌憚にふれることであった。菅原屋は、宿場が苦しむ本当の理由をはっきりいった。殿様のせいであると。

「では、どうすれば、よかろう」

「それについては、わたしは、心中に、身分不相応の大願がござる。それをやれば、この宿は救われる。しかし、何をいっても、それには先立つものがいる。つまりは金銭じゃ。それで力およばず、心中黙止しているところじゃ」

思わず、十三郎は、身を乗り出した。

「いくら、あれば、この宿を救えるのじゃ」

「千四五百両」

菅原屋は、ぽつりと、いった。

千四五百両あればどうしてこの吉岡の宿が救えるのか、十三郎には皆目わからない。しかし、菅原屋ほどの者がいうからには、何か秘策があるに違いなかった。それが、どういうものなのか、なんとしても知りたいと思った。

「その金さえあれば何とかなるのか」

「左様、手段はある。なんとしても、金が欲しい。人を恵まんがための大願であるから、伐取《きりとり》強盗をするわけにもいかぬが、それほど金が欲しい」

「いま、貴殿は人のための大願と、いわれたが、それは宿中みなが救われるということでござろうか。その金さえあれば、永代のうるおいがこの宿にもたらされるということならば、それがしこの身にかえても、なんとかしたい。その手立てとは何か。私も、それについては、年来なんとかならぬものかと願うておる。どうか、その手立てとやらを教えて下され」

十三郎の口から、自然と、そういう言葉がついて出た。自分でもなぜそこまで踏み込んだことをいいだしたのか、わからぬほどであったが、とにかく、すがるような思いで菅原屋の考えをきこうとした。千四五百両の金子《きんす》さえあれば、この吉岡は救えるという篤平治の言葉に、十三郎は思わず身を乗り出した。突如、眼前に、仏様の光がさしたような気がした。

「いや、さほどのこともないが……」

そういって、菅原屋が語りはじめた吉岡宿再生の秘策とは、十三郎をうならせるに十分なものであった。

「ほかでもない。その金子をいったんお上に差し上げ、年々、ご利足をいただきたい、と願い上げるのじゃ」

菅原屋の考えは、驚くべきものであった。吉岡宿は、このままでは上からの、重い課役でおしつぶされてしまう。

ここは逆に討って出て、吉岡宿が、お上にまとまった金を貸し、年々、お上から利足をとる側にまわるしかない。

つまりは、金をとられる側から、金をとる側にまわるという、ことであった。いつまでも、藩にむしりとられるままではいけないから、吉岡が、町として、仙台藩六十二万石を相手に金貸しをはじめる、というのである。

だが、そのような願いあげを、果たして、お上が取り上げるであろうか。十三郎の顔に不安の色が浮かんだ。篤平治は、さとい。すかさず、いった。

「お上も、お手元、不如意じゃ。つまりは金がない。幕府からお手伝いを命じられたとき、あるいは、江戸へ参勤の前など、恐れながら、お上が喉から手が出るほど金を欲しておられる時をねらって、願いあげれば、きっとお取り上げになる」

「なるほど」

たしかに、そうであろう。仙台藩は金がない。

「それに、お上は、先年から、ご合力というて、よその宿場には、すでに扶助をはじめておる。利足のほかに、さらにご加恩というて、金を足してくださるやもしれぬ。利足は年に一割が、通り相場じゃ。お上に千両ほど金を貸せば、お上から年に百両ちかく利足がとれるはず。これを、宿場の伝馬役をつとめる屋敷ごとに全戸配布すれば、永久に、宿場の御用も滞ることなく、つとめることができよう。おもいきって、いまこれをやっておかねば、この末、どうにもお上の役に耐えられないものがでて、家業がつぶれてしまう。これ以上、宿場の戸数が減ってしまえば、のこったものは課役の地獄に突き落とされるのは、目に見えておる。なんとも、心もとない。なんとかして、みなの力で、まずは千両をこえる金子を用立て、この吉岡の宿を地獄から救わねば、と思うておる。正直にいうが、この心願は、一朝一夕のことではない。ずっとまえから、頭にはあったのだけれども、だいそれたことではあり、いま話したとおり、なにぶん、金の先立つことゆえ、とても自分の力では及びがたい、と、悔しい思いをしながら、今日まで、いたずらに年月をすごしてきたというてよい。しかし、わしは思うのじゃ。『念力、岩をも通す』という先言もある。念じてできぬことはない。できぬと思うてしまうから、できぬのじゃ。貴殿にたずねられて、わしも覚悟をきめた。吉岡宿を救うということの手立て、一生涯のうちに成りかねれば、生を変えてでも、この心願を成就させたいと思う」

菅原屋の語気の強さには、ただならぬものがあった。十三郎は、菅原屋を幼いころから知っている。よちよち歩きの頃から、賢く、そして、穏やかであったこの男が、このような恐ろしげな目つきをして、鬼気迫る形相で語るのをみたことがなかった。だから、背筋に寒気がはしり、全身が総毛だった。

「まさに、そうじゃ！　菅原屋さん。あなたに、それほどの心願があったとは驚き入りました。そういうことなら、わたしも、打ち明けましょう。実は、私も、この吉岡だけがご合力をもらえぬのは、あまりにも、むごいと思うておりました。お上に金子を差し上げ、お慈悲を請うて、ご合力を下される手はないかと、思案をかさねてまいりました。しかし、金銭の手立てがどうにもならず数年の間、心中ひそかに考えるだけで暮らして居りました」

菅原屋は、明らかに、驚いたような顔をした。お上に金子を献上して慈悲を請うのと、お上に金を貸してきっちり利足をとるのとでは、違いがあるが、まさか、自分と同じようなことを考えていたものが、この吉岡宿のなかにいたとは、思っていなかった。十三郎は、まなじりをけっして、菅原屋にいった。

この言葉は、吉岡宿に遺された『国恩記』にしっかりと記録されている。

「しからば、あなたと私。二人の願いが一致しているうえは、たがいに心をはげましあいませぬか。心を鉄石のごとくにし、この願いを末永く捨てず、さらに、さらに、心を合わせましょう。仏神三法にも誓って、かならず成し遂げるのです。時節を待てば、天道の恵みがあって、最後にはきっと成就します。たった一粒の花の種が地中で朽ちず、ついに千本の梢に満開の花を咲かせることもある。まずは我々二人がかたく、これはできる、と、信じることです」

「まことに、そのとおりだ。穀田屋さん。まず我々が心を堅めましょう」

　このとき二人は悟った。人の心は種である。果てしない未来を拓く種である。一粒の種が金山を満開の桜の山に変えるように、心さえしっかりしていれば、驚くほどの奇跡も成し遂げられる。いまや、公《おおやけ》は民を守るどころか、民をおびやかす存在になっている。なんとしても、手をうたねばならない。


　とはいうものの、十三郎は危惧を抱かざるを得なかった。

（大名相手に金を貸して、ほんとうに、それが返ってくるのか）

という一点についてである。だが、それについての菅原屋のこたえははっきりしていた。

「なあに、お上に直《じか》に貸すのではない。お上から、大文字屋に渡し、そこで金を回してもらうのよ」

——大文字屋

というのは、仙台藩の蔵元である。それぐらいのことは十三郎も知っていた。

蔵元は大名の銀行であり、金貸しが本業だが、大名の資金運用もしていた。伊達家はこの大文字屋を使って金を動かしている。

「勝手方（財政）については、お役人よりも大文字屋のほうが詳しい」

とも聞いている。

菅原屋のいうように、大文字屋に運用してもらえば、年一割の利子は、まちがいなく、ついてくる。

――千両の金は自分たちで運用せず、藩金として蔵元に預け、確実に殖やす。

これこそが菅原屋の奇策であった。よく考えついたものだと思う。

「そもそも、このさびれた吉岡宿には、たとえ千両の金があったとしても回す先がないのだ」

と、菅原屋はいう。

たしかに、そうである。

――千両を元手に商売をやり、毎年、百両の利払いをする。

そんな芸当のできる商人は吉岡には一人もいない。

しかし、仙台はちがう。武家屋敷と町屋がたくさんあり、金を借りたくて、うずうずしている者が多い。

――資金需要

という経済用語は、この時代にはない。もしあったとすれば、資金需要は、この時代の特権階級である武士たちや豪商たちの言葉であったろう。武士は米総生産の四割を取って消費にあてていた。武家の資金需要は小さくなかった。あるいは、年貢米を扱う仙台の御用商、酒屋や油屋にも、大きな資金需要があった。江戸時代は、流通や醸造を握っている者、武士相手の金融をやっている者が富裕であり、そこに資金の需要があった。

どこでも蔵元は、年利一割で資金を調達し、それを武家に年利二割近くで貸している。利ザヤが一割近くあるのだから、濡れ手で粟の商

売にみえるが、

「お武家相手の金貸しは、誰にでもできるものではない」

というのは、この時代の常識である。というのも、武家はすぐに借金を踏み倒す。お武家からは借金のかたをとるのが難しい。武家の領地も屋敷も、みな殿様からの拝領物で、売り払えないから担保にはできない。借金を返せない藩士から領地を取り上げて、自分が藩士になった商人のためしはない。武家に金を貸すには、武家のところに入る年貢米を差し押さえる技が要る。藩の蔵役人たちに日ごろから、つてをつけて、便宜をはかってもらい、武士の屋敷に年貢米が運びこまれる前に、差し押さえられるものたちだけが、武家相手の金貸しができた。

菅原屋は、そういう蔵元に、金を運用させ、仙台のお武家から、この吉岡宿に、見事に金を吸いとってくる仕組みを作ろうといった。

「われわれ百姓が、とられた年貢を武士から取り戻すのです」

菅原屋は、ひなびた吉岡宿に、永久に、城下から金が流れ込む手立てを、頭の中で組み立てたといっていい。十三郎は、その恐るべき智謀に、うならざるをえなかった。

ただ菅原屋はまだ若い。目論見が完璧なだけに、十三郎は急に不安をおぼえた。余計なことかと思ったが、釘をさした。

「菅原屋さん。あなたは、いささかおしゃべりなところがある。この話は、二人だけの内証ですぞ。あなかしこ、人に話して、笑われたまうな、ですぞ」

「たしかに、そうです。そういわれては、ひとたまりもない」

菅原屋は一笑した。二人は互いにうち笑い、その夜は、気持ちよく別れた。


変化というのは、まず誰かの頭のなかに、ほんの小さくあらわれる。たいてい、それは、春に降った淡雪の如く消えてゆくが、ときおり、それが驚くほど大きく育ち、全体を変えるまでに育つ。それが歴史の常の姿であるとするならば、この夜の二人の会話はそういうものであったといっていい。

それは大それた考えであったかもしれない。

「このままでは年貢諸役をむしりとられるだけ。お侍たちに骨までしゃぶられて打ち捨てられる。逆に、民草のわれわれが、お上から金を取るようになろうではないか」

穀田屋十三郎と菅原屋篤平治は、明和三年三月五日の記念すべき夜に、そういう話をした。

ひそかに、同志を募り、千両の金をあつめて、領主である仙台藩六十二万石に貸し付け、年々、百両ばかりの利子をとって、村民に配分する。これによって吉岡宿を救済する、というものであり、

「吉岡の民が殿様相手に金貸しをやって、殿様から金をむしりとる」

という話に、ほかならなかった。

これは当時としては、危険思想といってよく、このような相談を、村役人に、うかつにすれば、成敗されかねない。

だから、十三郎は薄く張った氷のうえをおそるおそる歩むように、この計画をすすめた。

江戸時代は、

――徒党

というものが、蛇のごとく嫌われた。お上の許しなく、三人以上がひそかにあつまり、ご政道について語れば、それは徒党であり、謀反同然の行為とみなされる。

徳川三百年の平和は、大名から庶民にいたるまで、将軍に支配されるものが、横につながって、なにがしかを企てることを徹底して禁じることで成り立っており、江戸時代、「党」という言葉は悪事にちかいひびきをもっていた。

三百年、党を組まぬように、しつけられてきたこの国民が、明治になって、政党の政治というものを、うまくのみこめなかったのは、至極、当然のことで、それはのちのちまでこの国の政党政治をみすぼらしいものにした。


ともかくも、江戸人にとって、横つながりの団体といえば、生まれついた「村中」か、さもなくば、神仏を拝む「講中」ぐらいのものしかなかった。

――ご政道にかかわる企てでもって人をあつめる。

などということは、一揆か謀反に等しいふるまいとされ、その危険は計り知れないものがあった。

十三郎にも、それぐらいのことはわかる。しかし、篤平治のように割り切ることができない。

「十三郎さん。あんたが、一刻もはやく、お上に上納金を願い出て、吉岡宿を救いたいのはわかる。しかし、時節を選ばねば……」

知恵者の篤平治にそうたしなめられると、つい、むきになってしまう。考えてみれば、篤平治から、この計画を聞かされてから、すでに半年ちかくが経とうとしている。これまで二人だけで、幾度となく秘密の会合を重ねてきたが、このままでは何も進まないように思えてきたから篤平治に迫った。

「菅原屋さん。では、うかがいます。一体、いつになったらその時節がくるのですか」

「それは、お上が、いよいよ、金に窮した時でしょうな」

「ならば、いますぐでもよいではありませんか。仙台の殿様なら、いつも金に困っている」

「いや、それは違います。お大名というものは、一見、金に困っているようにみえても本当は困ってはいない。考えてもごらんなさい。借金で、取り潰された大名はいません。お大名にとって一番こわいのは、ご公儀（幕府）からの急の御役目を命じられたときに、金を調達する手立てがなくなり、勤めが果たせなくなることです」

「たしかに、ご公儀の御役がつとめられなくなれば、お大名は、おしまいでしょう。天下に恥をさらすことになる」

「そうです。言葉は悪いが、そこに我々のつけこむ隙がある。十三郎さん。いまにみていなさい。仙台の殿様が、ご公儀の御役目をおおせつかって、にっちもさっちも行かなくなる時がくるでしょう。我々が動くのは、そのときです」

十三郎としては「なるほど」と思わざるを得ない。

ふつうの時に、藩にむかって、何をいっても駄目であろう。しかし、藩が幕府から過剰な負担をおわされ、金欠に苦しむときを見計らって、「おそれながら、ここに吉岡宿であつめた千両の金がございます。これをご用立ていたしますから、利足として毎年百両いただきます」と、申し出れば、藩はそれを受け入れざるを得ないに違いない。

「溺れる者は藁をもつかむ、というではありませんか。お大名とて、同じです」

そういって、篤平治は笑った。


その機会は、思いのほか、はやくきた。いや、はやく、きすぎた、といったほうがよかった。それは明和三（一七六六）年の八月、であった。吉岡宿をひとつの噂がかけめぐった。

――仙台の殿様が、ご公儀から関東川筋のお手伝い普請を命じられた。

というものであった。幕府が、仙台藩に命じた負担は、そのまま仙台藩領の百姓に転嫁される。当然、領民は不平を鳴らした。しかし、十三郎にとっては、待ちに待った好機の到来であった。わきあがる興奮をおさえきれず、あわてて、菅原屋のもとに駆けていった。この朗報を一刻も早く知らせたいと思った。

「菅原屋さん。とうとう、やりました。殿様に、お手伝い普請の命が下りました」

ところが、菅原屋の面もちは意外にも暗い。

「いや、困りました。こうも、はやく、機が到来するとは思いませんでした。いますぐ、われわれ二人が大金を用立てる手段は、どう考えても、ありません」

「たしかにそうですが、せっかくの機会ですから」

「十三郎さん。藩がこの話を受け入れ、吉岡宿の救済をするには、小さな金では無理です。少なくとも千両はなければ話になりません。いますぐ、われわれに、そんな金がありますかな」

「しかし、同志をつのれば……」

「そうです。もっと同志をふやさなくては、いけません。しかし、こういう話は慎重に運ばないと、大変なことになりかねない」

たしかに、そうであった。いま、藩は、領民に負担を強いている。領民の不満が爆発するのを恐れ、一揆の勃発に神経をとがらせている。ここで下手な動きをすれば、密告されて、牢獄に入れられかねない。そうなれば、元も子もなくなる。

「いまは、神仏に祈るほかに、思いつくことはない」

菅原屋ほどの者が、そういう以上、十三郎はどうすることもできなかった。

その日から、十三郎は覚悟をきめた。まず、風呂に入らないことにした。吉岡宿には銭湯があり、暑い日には、そこで汗を流すのを楽しみにしていたが、これをやめ、毎日、水垢離《みずごり》をとることにしたのである。菅原屋も、おなじように、そうしてくれたことがうれしかった。『国恩記』にはこう記されている。

――かねて、入り馴れていた洗湯へは入らず。朝暮、行水をいたし、その間には、飲食を絶ち、祈願。

こうして、銭湯代を切りつめ、断食までして、小銭をためはじめると、

「何を願っているのか」

と、周囲が不審に思いはじめた。水垢離をとれば、何か宿願の子細が

あるのだろうと、周囲が思うのは、当然である。しかし、お上を相手に、大それたことをやろうとしているのだから、打ち明けるわけにもいかない。何も語らず、ただひたすらに神仏に念じ続けるしかなかった。これがあとで、思いがけない効き目をもたらすことになったのだが、このときは、つゆ思わず、ただ夢中で水をかぶり、神仏に念じた。

しかし、こまったことになった。

「穀田屋十三郎と菅原屋篤平治がただごとではない。毎日、冷水をかぶって、一心に念じている。病にでも倒れぬとよいが」

そういう噂が宿場じゅうにひろまって、怪しまれるようになってきたのである。

さすがに、菅原屋はさとい。

「企てが脇から漏れてはまずい。いっそのこと、千坂《ちさか》さまに相談したほうがよかろう」

と、いった。重大な決断であった。

——千坂さま
というのは、千坂家のことである。吉岡宿のある黒川郡の大肝煎《おおきもいり》であった。

大肝煎とは、他藩でいう大庄屋のことで、百姓のなかから選ばれる村役人としては最高の役職であった。吉岡宿では、千坂家がこの大肝煎を代々世襲し、いまは千坂仲内《ちゅうない》という三十ばかりの青年がこの職にある。ちなみに、仙台藩では庄屋・名主のことを「肝煎」という。

大肝煎は百姓のなかでは、お上に最も近い立場である。お上の手先といえば、そういえなくもない。そんな赤の他人に、

「企てのすべてをぶちまける」

と、菅原屋はいう。

(正気か)

と思ったが、

「穀田屋さん。大肝煎に打ち明けずに、この大願は成就しますか、そこをよく考えてごらんなさい」

たしかに、そうである。菅原屋がいうように、大肝煎が承知しなければ、この企ては一歩も前にすすまない。それは、わかっていた。

――大肝煎

こそが、行政のかなめになっていて、藩との、唯一の窓口になってい る。これを通さないときは、

――越訴《おっそ》

となる。大肝煎をとびこえて、殿様や藩の重役に直訴すれば重罪とな り死罪になるかもしれない。手順をふまねば、訴願は成就しないのだ から、まず大肝煎を攻め落とさなければ前に進めないのは明らかであ った。それほどに、大肝煎は大切であった。

徳川時代の武士政権のおかしさは、民政をほとんど領民に任せてし まっていたことである。その意味で、徳川時代は奇妙な「自治」の時 代であったといっていい。大名家（藩）というのは、もともと軍隊で

あり、民政のための組織ではない。農村に武士を送り込んで「庄屋」とし直接支配する方法もあったが、薩摩藩などをのぞいて、そのような方法はとられなかった。そんなことをすれば、百姓の抵抗が予想された。武士政権にすれば、年貢さえおさめてくれれば、よかった。あえて農村の瑣事に立ち入る必要はなく、また農民の側も立ち入られたくなかった。それが徳川時代はじめのこの国の雰囲気であり、武士政権と農民の双方が折り合いをつける形でできあがったのが、

——村請制

——庄屋制

この二つの制度であった。有力農民を選んで庄屋に任命し、村単位での徴税と民政を請け負わせる制度である。この制度のもとでは、庄

屋のうえに約十ヶ村ごとに大庄屋をおいたため、大庄屋、仙台藩では大肝煎が農村における絶大な権力者となった。

大肝煎のうえには、藩の武士がつとめる郡奉行《こおりぶぎょう》やら代官がいたが、実際の仕事は大肝煎と肝煎が、すべて処理した。

「領内の人口を調べよ」

たとえば、そういわれた場合、宗門人別帳（戸籍）を作って人口を数えるのは、大肝煎と肝煎の役目であり、郡奉行や代官は、上座に座ってまったく動かず、報告をきくだけであった。

吉岡宿のある黒川郡でも、大肝煎である千坂仲内が、すべての民事を統《す》べている。したがって十三郎たちが何かしようとする場合、この

千坂が同心しなければ、事が運ばないことは明らかであった。吉岡宿では、

「千坂さまほどの、お人よしはいない」

と、いわれていた。そのお人よしが災いして、千坂家は、破産しかかったことさえある。

――千坂家の薬買い
といって、この家は、薬を買っては、貧しい病人に配った。千坂の父は若いころ、とんでもない男であった。大酒をあびるように呑んだ。

その家の母が思いあまって、

「貧乏人には酒も買えないものがいる。おまえは酒ばかり呑んで」

と、叱った。すると、この男は不思議なことに、ぱったりと、酒をや

め、奇妙なことに薬を買っては貧乏な者に配りはじめた。葬式代が出せぬ者には葬式をだし、金がなくて結婚出来ぬ者にも金をだした。とうとう、日照りに苦しむ村のために、私財をはたいて用水を掘り、それがもとで千坂家自体が貧におちいり、大肝煎の役職を解かれそうになった。ところが、村人は恩を忘れていなかった。

「千坂さまが大肝煎でなくなっては困る」

と、少しずつ金を出しあい、とうとう千坂家の借財を整理してしまった。いまは、その息子や孫の代になっているが、依然、地元で篤い尊敬をうけている。

当代の千坂仲内も、徳人として知られている。このところ、父が老いて耄碌し、あたりをうろついて困っているというが、この恍惚となってしまった父親を奉公人まかせにせず、夫婦で献身的に世話していることは、吉岡宿でも、よく知られていた。

「千坂さまは、公務があって、徘徊する老父に、ついていられない。それで、奉公人をつけて見張らせておられるが、暗くなるまで、帰ってこないと、心配でたまらず、戸口でじっと立って待っておられるそうな。履物が汚れていれば、自分でふいて綺麗にされる」

この話は、吉岡宿では、知らぬものはなかった。十三郎も、篤平治も、ふつうの大肝煎であれば、相談しようとは思わぬが、この千坂仲内には、

「話してみようか」

という気になったのである。

大肝煎の家の玄関は、さすがに格式がある。二人は、人目をさけて、ある夜、千坂仲内宅を訪れ、これまで考えてきた吉岡宿の救済計画のすべてを打ち明けた。

仲内は、闇のなかで、ただ、口を真一文字にして、それをきいていた。行燈《あんどん》の明かりだけが揺れ、篤平治が、ひたすら、とうとうと計画について寸分の隙もなく、語りつづけた。語り終わったあとは、おそろしく長い沈黙が、三人をつつんだ。

十三郎も、篤平治も、ごくりと息をのんで、眼前の権威者から発せられるであろう言葉をまった。しかし、大事を打ち明けられた大肝煎の仲内は、一言も発しない。

「しまった」

と、一瞬思ったそのとき、仲内の分厚い唇が動いた。みれば、仲内の両眼からは、涙がこぼれている。

「この時節、わたしのところに、こっそりと頼みごとにくる人は多いのです。しかし、それは、みんな、自分の利益のためにやってくる人たちばかりでした。大金をお上に差し上げたい、という人は、たいてい、そのかわり武士に取り立ててもらいたい。知行や扶持方をもらって、身分を取り立ててもらいたい、というのです。ここにくるのは、そんな男ばかりでした。あなたがたも、お上に大金を上納するというから、わたしは、てっきりそんな話かと思ったのですが、きいてみれば、その志は雲泥万里の違いだ。吉岡町内で暮らしがたちゆかぬ者たちを、どうにかしたい。ずっと、そのお気持ちをあたためておられ、思いあまって、今日、ここにおいでになったのですな。お二人のおこころざし、この千坂仲内、よくわかりました。こんな善事がほかにありましょうや。そこで、お願いがあります。ぜひ、今夜から、わたしもこの企ての同志の人数に加えていただけますまいか」

仲内は全身を震わせながらそういった。こうして吉岡宿を救う企ての同志は三人になった。

大肝煎の千坂仲内が同志に加わったことは大きかった。十三郎はすでに五十の坂に近づきつつある。さすがに、この年になると、大肝煎がいかに大きな役割をおっているかはよくわかっていた。

「仙台藩では、郡中のことは、惣じて、大肝煎のお取り計らい」

　このことは隣藩他領にも、ひろく知れわたっている。

　仙台藩はあまりに大きい。郡が二十ほどもある。まつりごとをしようにも、行き届くものではなかった。江戸時代の多くの藩がそうであったように、仙台藩もはじめから、武士の手で直接に治める方法をとらず、地元のことは、大肝煎にまかせた。

　驚くべきことに、幕末になっても、仙台藩伊達家は、郡奉行をわずか四人しか置いていなかった。そのかわり代官三十人ほどを一郡に一、二人割り当てて、行政にあたらせたが、実際に、事を運んでいるのは、大肝煎であった。まずは、この要職者を口説き落さねば、話は先に進まないのは明白な事実であり、十三郎たちは、それに成功した。

しかし、これとて、山の頂をめざすには、一合目をようやく登ったにすぎなかった。

十三郎は、菅原屋にきいてみたことがある。

「貴殿は、藩に千両を貸し、利足をとって、この吉岡宿を復興しようといわれる。だがそのような大仕掛けをやろうとすれば、一体、だれの許しがいるのか。まさか、殿様ご直々のお許しではあるまいが」

「左様、殿様の下知《げち》はいらぬ。伊達家では、六人の奉行が政事をおこなっておる。この奉行衆の名で許しが出ればよい」

「六人もの奉行のお許しをとるには、いかがなさるおつもりか」

「いや。六人というても、実は、一人だけじゃ。お武家というのは、民政にかかわりたがらぬ。武備や寺社にかかわるほうが花形だからの。

奉行のなかでも卑役とされる勘定方や郡方の仕事についておるのは財《ざい》用方取切《ようかたとりきり》とよばれる奉行のなかの一人だけじゃ」

「ほう。では、その財用方取切のお奉行が、われわれの願いを御取り上げになるか決めるということか」

「いや。そうではない」

「……」

「奉行はご身分が高すぎて、自分では買い物もなさったことがないようなお方じゃ。そこで、出入司《しゅつにゅうつかさ》という実務にたけたお役目がいて、この方が決めている」

「出入司というのは、えらいのか」

「えらい。大肝煎の千坂様のうえに、お代官様がおり、そのまた上にいるのが郡奉行、さらに上にいるのが、出入司やお奉行衆。われらのような下賤の者は、近づけぬ。いまの出入司は萱場杢《かやばもく》様というお方じゃ」

「では、だれならその出入司に近づける」

「はて。千坂さまでも、面談はかなうまい。会えるのは、お代官さまだけじゃ」

十三郎は、気が遠くなった。いまの自分たちには、千両の金をあつめる手立てすらない。よしんば、千両あつまったとしても、藩の高官と交渉して、この基金をもとに、吉岡宿にだけ特別な年金を下してもらう制度を作ることなど、夢のまた夢であった。いかに、私利私欲を捨てた世のため人のための企てであるにせよ、藩の役人たちは、先例のないことを極端に嫌う。吉岡宿の眼前には、黒々と、七つ森の山々が聳えているが、彼ら藩の役人を計画に巻き込んでいくのは、その山々を掘り崩して取り除くほどに、難しく思えた。

そもそも、十三郎は、この企てを、せがれにさえ、打ち明けられていなかった。せがれの名は、音右衛門《おとえもん》という。このせがれとの間は、どこか、よそよそしく、はらわたをさらけだして語ってみたことは、一度もなかった。音右衛門は十三郎の実子ではなかった。音右衛門は、このあたりの商家に多い、

——養家督《やしないかとく》

で、はやくいえば、跡取り養子であり、営業上、店の身代を受け継ぐために、この穀田屋にきたにすぎない。まじめな性分で、頭もよかっ

たが、十三郎とは、仕事上の言葉を交わすだけで、思えば、会話らしい会話をかわしたことがなかった。仲が悪いとか、そりが合わないというものでもない。不必要な会話はせず、たがいに、淡々と家業をこなす二人の関係が、これまでずっと続いている。

穀田屋は、

――高平《たかひら》

という苗字をもっている。藩から公式にみとめられたものではなく、「隠し姓」として、内々に名乗っているだけであるから、公用の書類には記入できないが、私信などには「高平音右衛門」と、侍のように署名する。吉岡宿の、ちょっとした商家は、どこもこの隠し姓をもっていて、皆そうしていた。十三郎も、若いころにこの穀田屋・高平家に「養家督」として入った。いってみれば音右衛門と、まったく同じ身の上であった。

十三郎は、毎日、この血のつながらぬ音右衛門と二人で、ずらりとならんだ先祖の位牌に線香をあげ、もろ手をあわせて、穀田屋の安泰を祈っている。

しかし、いま、十三郎がやろうとしていることは、穀田屋という家単位で物を考えるならば、とんでもないことであった。家を安泰にするどころか、身代まるごと潰しかねないふるまいであった。功成れば、吉岡宿は立ち直るかもしれないが、穀田屋は、悪くすれば、破産する。きまじめに立ち働いている音右衛門が、これを知れば、どう思うか。

十三郎には、それが不憫でならなかった。だが、足元から、固めていかねば、この計画は進まない。

明和五（一七六八）年五月のある日、十三郎は、突然、音右衛門に声をかけた。

「音右衛門。これより十兵衛殿に会いに行く。同道してくれ」

「なんのご用事でありましょう」

「くればわかる。とにかく、参れ」

音右衛門としては、ついていくほかなかった。十兵衛殿というのは、穀田屋十兵衛といって、屋号をおなじくする同族である。十三郎は、せがれの音右衛門とともに、穀田屋十兵衛宅にあがりこむと、堰をきったように語りはじめた。菅原屋篤平治と、千両をあつめて藩に貸し利足をとる計画をすすめていること、すでに大肝煎も同心していること、しかし、資金のあてはなく、穀田屋を潰す覚悟で臨んでいることを、とつとつと語った。

十兵衛は、黙したまま、きいている。音右衛門もおしだまっていた。途方もない話であったが、正しい者の強さというのがあるのかもしれない。必死に語りかける十三郎の面持ちには、迷いが微塵も感じられず、不思議な魔力をもっていた。自分の運命を暗転させ、塗炭にまみれさせるかもしれないこの話を、二人は黙ってきいた。

そして、十三郎の話が、一通り終わると、またしても、信じられないことが起きた。十兵衛が口をひらいて、こういったのである。

「十三郎さん。あんた、あっぱれだよ。その大願は無理だとは思う。けれど、成せば成る、というじゃないか。やってみなよ。わたしは、善事には神仏の加護がある、と思っている。あんたたちが風呂をやめて水垢離をとっていたのは、このためなんだろう。ずっと、あきらめず、その志をもって、時を待とう。わしもその同志に加わらせてくれないか」

十三郎は泣き出さんばかりになって、十兵衛の手をとり、かたく握りしめた。そして、音右衛門にむき直り、いった。それは鬼気迫るものであった。

「わしは、もう五十に近い齢じゃ。生きているうちに、この大願をかなえることはむずかしい。もし、このまま死んだら、おまえが、このわしに代わり、みな様に心をあわせてこの大願をまっとうしてほしい。たとえ、わが身が死体となって朽ち果てようとも、魂魄は、おまえの影身にそい、かならずや、願いをかなえる」

「はじめて、お心のうちをうかがいました。親父さまは、そんなにも気苦労を重ねておられたのですね。尊いおこころざしだと思います。おっしゃられたことは、没後はもちろん、生きておられるいまも、すこしも、おろそかにはいたしません」

なんと、音右衛門は、そういって、十三郎以上に、この計画に奔走しはじめたのである。

それまで、よそよそしかった親子は、ほんとうの親子いやそれ以上の絆で固く結ばれることになった。そうとも知らぬ、家族や近所のものたちは、あまりに変わったこの二人をみて「穀田屋では何があったのか」と、いぶかしがった。

十三郎と篤平治が「くわだて」を成し遂げるための地ならしは、仕上げにはいっていた。

前にものべたように、仙台藩領では、庄屋のことを、肝煎という。江戸時代の日本人口は三千万人、家数は六百万軒ある。村は日本中に五万あって、ふつうは、庄屋が一人ずついる。もっとも、村に数人の領主がいる場合や、大きな村には、一つの村に、庄屋が数人いる。庄屋は家族もひっくるめて五十万人前後いて、百姓のうち、およそ五十人に一人ぐらいが庄屋である。

お侍の家族は百五十万人ほどだから、庄屋よりも人数はずっと多い。しかし、この武士たちは、平時には役に立たない。武士は合戦が本務だから民政担当になる者はすくなく、日本中に五十万人いた庄屋の家族たちが民のめんどうをみていた。その意味では、明らかに、庄屋たちが、この国を下支えしていた。それほどまでに、庄屋（肝煎）は重要であった。さらにいえば、

「知識」

という点でも、庄屋は、この国の宝物であった。

幕末、日本が目覚めようとしたとき、「学がある」ものは少なかった。学があるというのは、漢文で読書ができ、自分の考えを文章にまとめることができる、というほどの意味だが、これができる人口は、

意外なほど少なかった。
武家が百五十万、庄屋が五十万、それに神主や僧侶を加えた一割たらずが、洗練された読書人口であって、とりわけ、農村にいた庄屋の五十万人が、文化のオーガナイザーになっていた。庄屋は、百姓たちにとって、行政官であり、教師であり、文化人であり、世間の情報をもたらす報道機関でさえあった。国というものは、その根っこの土地土地に「わきまえた人々」がいなければ成り立たない。
――五十万人の庄屋
この人々のわきまえがなかったら、おそらく、この国は悲惨なことになっていたにちがいない。

ともかくも、「肝煎」は重要である。政のかなめは、大肝煎の千坂であったが、なんといっても、村にいる肝煎を味方に引き込まねば、十三郎たちの計画は前に進まない。

十三郎は、菅原屋の知恵に、いつも感心させられる。

「そろそろ、肝煎の幾右衛門《いくえもん》に打ち明けねばなるまい。われらは、肝煎どのの頭越しに、千坂さまのところに行ってしまった。果たして、肝煎どのには、どう言うたものか」

十三郎がそう問うたとき、菅原屋は、こう答えた。

「なあに。心配はいるまい。あの肝煎は調子のよい男じゃ。大肝煎さまが御承知となれば、それに従う。みなが一緒なら何にでもついてくる。そういう男だ。ただ、何かの拍子に、へそを曲げられてはたまらぬ。理屈で迫るより、酒でも酌み交わして、情にうったえたほうがいい」

「たしかに。よくいえば人情の男だ」

「酒席に誘い出したいが、どこぞに振る舞いでもないか」

「ある。私の実家の浅野屋で」

十三郎は、実家の浅野屋甚内のところで、振る舞い酒があるのを思い出した。肝煎の幾右衛門は大の酒好きである。しかも、十三郎とは親戚である。幾右衛門の苗字は、

――遠藤
であり、十三郎の実家、浅野屋の分家筋にあたる。浅野屋を本家とする遠藤一族はこの宿場では「名門」であった。

——遠藤和泉守
というのが、その先祖である。

「遠藤和泉」

と刻んだ堂々たる墓石が町内九品寺にあり、

「浅野屋さんのご先祖はお大名のようじゃ」

と、その由緒が重んじられている。

そもそも、幾右衛門が肝煎をつとめていられるのも浅野屋の分家にあたる由緒からである。この事情からして、幾右衛門は本家の浅野屋に頭が上がらず、浅野屋の生まれである十三郎にも同族意識をもってくれている。これを使わぬ手はなかった。

本家の浅野屋に誘い出し、したたかに酔わせ、そのうえで、打ち明け話をする。その算段がまとまった。

十三郎の実家、浅野屋の財力は吉岡宿でも突出している。町をつらぬく大通りに、ひときわ大きな屋敷をかまえ、酒蔵が何棟もならんでいる。浅野屋は、同時に、三つもの銘柄の酒を醸しており、これ以上の酒造家は近郷近在にはいない。そこでの振る舞いは、なかなか贅沢なものとして知られている。

「飲まぬか」

実家の浅野屋と相談して、十三郎が声をかけると、幾右衛門は、よろこんでやってきた。来れば、酒を呑むしかない。菅原屋の目論見どおり、幾右衛門は、したたかに酔った。ところが、酒宴が終りに近づいても、この肝煎どのに、肝心の打ち明け話ができない。まわりに大勢、人がいて、どうにも密談ができない。

しびれを切らした十三郎が、まなじりをけっして、幾右衛門に向かっていくと、菅原屋が目配せをして、とめた。

そうこうするうちに、酒宴は果てた。

（このままでは、肝煎どのは、帰ってしまう）

十三郎は焦った。どうしようかと、気をもんでいると、菅原屋が、すっかり上機嫌になっている幾右衛門に、そろそろと近づきいった。

「肝煎どの。呑み足りなそうでは、ありませぬか」

「おう。そうよ。まだ足りぬ。どうじゃ、うちへきて呑まぬか。十三郎どの、今日はご実家によんでもろうて、ありがたかった。これから、うちへ来ぬか。菅原屋もどうじゃ」

「はい、お言葉に甘えて」

菅原屋は、我が意を得たり、と返事をし、十三郎のほうをふりかえり、

「ほら、この通り」

という顔をした。


肝煎の役宅に上がり込んだ二人は、まさに痛飲した。この肝煎の幾右衛門は、豪快な性分で、親分肌のところがある。桃吉《とうきち》という、まだ幼い跡取り息子をもっていて、これを溺愛していた。呑むときまって、

「この子の行く末が心配だ」

と泣く。この日も、酒がすすむにつれ、そういう話になった。

当然であった。吉岡宿の行く末は暗い。もはや、風前のともしびといってよく、年貢や伝馬役の完納が難しくなってきている。年貢諸役の徴収は、肝煎の責めであり、吉岡の年貢がとどこおれば、肝煎である幾右衛門と一子桃吉は、牢獄に投げ込まれる。牢はまさに地獄である。陸奥の冬は厳しく、格子だけで壁のない吹きさらしの牢舎に、うすい着物一枚で放り込まれれば、桃吉はまちがいなく凍えて死ぬであろう。

そういうことは、なるべく考えないようにしていたが、その運命が確かな足どりで忍び寄ってきているのはわかる。ちかごろ、幾右衛門が、酒を過ごしてしまうのは、そのためであるらしい。

「どうにか、ならぬか」

酒盃を手に、呆けたような赤ら顔で、肝煎が、ぽつりとそういったのを、菅原屋は逃さなかった。すかさず、自分たちの計画を打ち明け、千両の金さえあれば、課役の重圧から解放される道があると、説明した。

幾右衛門は、驚いたような顔をしていたが、やがて、涙目でいった。

「そういうことで金がいるのであるならば、自分は家財道具、一切合財を全部売り払ってもいい。頭陀袋をさげて、物乞いをしてあるくようになってもかまわない。夫婦で身売り奉公に出てもいい。桃吉の行く末を思うと、そのほうが安心じゃ」

本心であった。

「たしかにそうじゃ。桃吉さんが生い立って、肝煎になられるころのことを思うと、なんとかせねば。このままでは、子らが不憫じゃ」

十三郎が、そういうと、幾右衛門が、いった。

「ただ、しかし……」

「何でござるか」

「ほんとうに、その大それた願いは、叶うのか」

言われてみれば、たしかにそうである。これからやろうとしていることは叶う見込みがあるのか。十三郎は、ごくりと唾をのんだ。菅原屋に問うてみたことはないが、十三郎にしても、ほんとうのところ、その問いこそ、真実、知りたいことであった。すると、菅原屋がいった。

「まずお話をしたまで、こんな大願は容易じゃあない。まあ、猿が月を取ろうとするようなものですな」

猿のように顔を赤くした菅原屋が、おどけてそういったものだから、一気に、緊張の糸が切れた。

「まったくだ」

「猿が月を取れるか」

ということになって、三人は破顔一笑した。

それはやってみなければ、わからない。そう思い切るしかない、その心が三人の心を固めた。こうして、十三郎と菅原屋は、ついに宿場の肝煎・幾右衛門を仲間に引き込むことに成功した。明和五（一七六八）年五月のことであった。

それから、ふた月ばかりたって、動きがあった。盆もすぎた暑いさかりに、一通の書状が、十三郎のもとに舞い込んだ。うらがえして、差出人をみると、

――御城下柳町　三浦屋惣右衛門《そうえもん》

と書いてあった。ただごとではない。三浦屋といえば、仙台城下きっての豪商で、藩の御用をつとめている。いわば、仙台藩の豪商のなかの豪商であり、十三郎のような田舎の宿場の商人とは、格がちがう相手であった。十三郎は、震える手で、封を切った。たしかに三浦屋の直筆でしたためられている。

「こたび、わたくしは鋳銭御用《ちゅうせんごよう》を仰せ付けられました。ついては、鋳

銭場に諸役人が多く要ります。お上から、よく人柄を吟味して、十四、五人に役目を申しつけるように、との命が下りました。ついては、貴殿の跡取り、音右衛門殿に、この鋳銭場の座方取り締まり役をお願いできないでしょうか。こういうことを頼める義理はないことはわかっています。しかし、ほかに心当たりもないのです。音右衛門殿であれば、かねて人柄もわかっていますので心配がありません。それで、ご無心、申し上げる次第です」

驚くべき内容であった。十三郎は、どうしていいか、わからなくなった。藩が鋳銭をはじめるといい、しかも、三浦屋はその取り締まりに、せがれの音右衛門を名指しで、よこせ、といってきていた。

これは、いうまでもなく、銭を鋳造することである。

江戸時代の奇妙さは、国家の大権であるはずの通貨発行の実務を、国家みずからが行わず、ちまたの商人にゆだねたことである。

――寛永通宝

という銭を、銅または鉄で鋳るのであるが、中央政府たる徳川幕府は、この基本的通貨の発行を一手におさめなかった。

親藩はもちろん、外様大名にまで、銭を鋳ることを許した。もちろん、幕府の許可のもとで行われるのであるが、それは建前であって、銭を鋳ることを許された大名は、もとより財政難であるから、銭が欲しくてたまらず、野放図に、銭を鋳た。しかも、この鋳造作業は、藩が直接に手を下すのではなく、豪商などに請け負わせた。通貨鋳造と

いう国家の一大事が、幕府から藩へ、藩から商人にゆだねられていたのである。藩にたのまれて、商人が、銭を鋳ることを

――鋳銭御用

という。三浦屋は、これをたのまれていた。

蛇足ながら、通貨発行を他人にゆだねてしまう徳川幕府のこのやり方は、幕末にいたり、悲劇につながった。薩摩藩などの諸藩が、贋貨幣を発行して、おおいに藩庫を肥やした。寛永通宝は、一枚つくっても一文（いまの五十円）にしかならないが、

――天保銭

というのがあった。これは一枚で、百文（同五千円）に通用する恐る

べき銭であり、この天保銭を「私鋳」することで、幕末、諸藩は大いに儲けた。諸藩に銭を鋳させていた幕府にも脇の甘いところがあり、それが幕府のいのちを縮めた。

ともかくも、一大事である。十三郎は、菅原屋のもとに走った。話をきいた菅原屋の反応は、意外であった。小躍りして、喜んだのである。

「十三郎さん。これは朗報だよ。千載一遇の機といっていい。これなら、ほんとうに猿のわれわれでも、月が取れるかもしれない」

「……」

「ついに、お上は金に窮して、銭を鋳はじめた。これにかかわらぬ手はない。三浦屋惣右衛門は御用商だ。あんたのせがれは、三浦屋に見込まれたんだ。鋳銭場の座方取り締まりといえば、立派な、お役人だ。これを勤めれば、俄然、お上の信用がちがってくる」

「つまり、うちの音右衛門が御用をつとめていれば、われわれが吉岡宿再興の訴願を出すのに有利ということかえ」

「そうよ。話がまったく違ってくる。しかも、それだけではない。金も手に入る」

「まさか」

「わからぬか。三浦屋は仙台一の金持ちじゃが、自分の金だけで、鋳銭ができると思うか」

「それは無理であろうな」

「鋳銭には莫大な金が要る。小屋を建て、職人をあつめ、銅を買い、炉を築いて、薪を買わねばならぬ。たしかに、はじめには、金がかかる。まず、はじめは三浦屋は金がなくなる。しかし、そのあとは、ちがうぞ。三浦屋は、藩の御用として、銭をじゃんじゃん作る。金を作っているのだから、儲からぬはずはない。ここが、われわれの目のつけどころよ」

「どうするというのか」

「一時、金に困っている三浦屋に金を貸し、あとで、金を加えて返してもらうのよ」

「ほう。そういうことができるのか」

「できる。金を作るものに金を貸すほど、たしかな金のふやしかたもあるまい。ここで金を貸しておけば、三浦屋に恩も着せられる。鋳銭に成功したあとの三浦屋は、さらに左うちわになる。そのとき、こちらから、借金を申し出て、吉岡宿を再興するための大金を借りればいい」

「なるほど」

「しかも、あんたが音右衛門を送り込めば、鋳銭場が、どうなっているか、時々刻々、手に取るようにわかる。おそらく、三浦屋が、あんたのところに目をつけたのは、音右衛門の人柄を見込んだのもあるが、小金を貯め込んでいるあんたから金を借りたい。そういう下心もあってのことだろう。おそらく今年の暮れには、三浦屋は借金を申し込んでくる。いまから金をためておいたほうがいい」

この男は、どこまで、頭がよいのだろう。すべて、お見通しなのだ。十三郎は恐ろしささえ感じた。

十三郎は、三浦屋のさそいにのって、音右衛門を鋳銭場に送り込んだ。すると、菅原屋が予言した通りになった。

「金を貸してくれ」

と、三浦屋がいってきたのである。菅原屋がいったとおり、暮れになって、三浦屋は、職人の給金と材木代の支払いに困り、五百五十両の借金を申し入れてきた。

——なにぶんの高利にても苦しからず

三浦屋は、そういってきた。それからの菅原屋の動きは速かった。

すぐさま、大肝煎の千坂仲内のところに使いをだし、仲内・幾右衛門・十兵衛・寿内《じゅない》など、同志の者たちをあつめて説いた。

「われわれだけで、すぐに千両の金を調達するのは難しい。ここはいったん、三浦屋に五百両ほどの金を貸して、あとで、三浦屋から大金を借りるようにしたい」

「ほんとうに大丈夫なのか」

という声もあがった。鋳銭事業への不安であった。しかし、菅原屋はいった。

「たしかに、鋳銭がうまくいくまでには時がかかる。しかし、なにをするにも、天の与え、ということがある。天の与えをとらねば、かえって、わざわいをうける、というではないか。ここは思い切って、やったほうがいい」

「われわれの大願成就の根ざしは、このときではあるまいか」

十三郎が、たたみかけた。菅原屋と二人で、

――二口一舌（『国恩記』）

に説き、一同は、それに同意した。

三浦屋に金を貸すと決めた以上、とにかく、金を作らなければならない。同志の者たちは、短兵急の勢いで、金策をはじめた。鋳銭事業への信頼は薄かったが、三浦屋の信用は大きかった。

「あの三浦屋さんに金を貸すのなら、かえってくるだろう」

そういう安心感はあった。同志の者たちは、昼夜をわかたず、家財を整理した。家財・衣類・家屋敷まで、抵当にいれた。とくに、菅原

屋は、家中のものを質にいれた。家業の製茶の秘伝書までも、質屋にもっていった。

「そこまでしなくても」

と、十三郎がいったが、きかない。驚いたのは、菅原屋が命の次に大事にしていたものまで、質屋に放り込んだことである。菅原屋の作る茶の薫りは、すばらしかった。京にまで、それは聞こえていた。

「春風の　かほりもここに　千世かけて　花の浪こす　末の松山」

ついには、そういう和歌を、九条家から賜ったが、それさえも質に入れたという。

十三郎がそれを知り、

「あんた、それは命の次に大事にしていたものではないか。質に入れてしまって、いいのか」

というと、菅原屋は、すまし顔でいった。

「なあに、こういうときは、人が驚くような宝から質に入れるものよ。そうすれば皆が本気になる」

そうして、ようやく、

――四百五十両
の金がつくられた。吉岡宿復興の呼び水といってよい資金がここに生まれた。


明和六（一七六九）年の新春になった。正月は十六日になると、

――藪入り

といって、どこの町でも、丁稚小僧にも暇を遣わして、生家にもどす。

「薮入りには、地獄の釜も明く」

吉岡では町中の釜という釜のふたが明けられ、飯炊きの下女はみんな里にもどされ、湯も沸かさない。湯屋・床屋も休んでしまう。

そうやって、町が、静まり返っているところへ、石巻で、銭にたずさわっていた音右衛門が、穀田屋へ戻ってきた。朗報をもっていた。

「鋳銭は日々に繁盛している。三浦屋惣右衛門は儲かっている」

というのである。

十三郎は、菅原屋のところに、とんでいった。

「菅原屋さん。いましがた、うちの音右衛門が帰ってきた。三浦屋は金回りがいいらしい」

「やはり、そうか。それにしても、あの三浦屋は、なかなかの、たぬきだ」

「……」

『銭を鋳る。ついては人手が要る。金が要る』というて、あんたから息子の音右衛門を取り上げて、こき使った。『お上のご用で銭を作るんだから、かならず、もうかる』。あいつは、そういって、われわれから、元手の大金をせしめた」

「たしかに、三浦屋さんは『利足は、いくら高くてもいい』といっていた」

「ところが、話が違うじゃないか。あとになって、それは鋳銭座方の法度だの、払えないだの。もう少しまってくれだの。わけのわからぬことを言い出した。ちゃんと、儲かっているのなら、三浦屋は払える。穀田屋さん、これから石巻に談判にいこう」

「貸した金を、とりもどしにか」

「そうじゃない。そんなのは当たり前だ。貸した四百五十両を利足ともども、とりもどした上に、あの三浦屋から資金を借り出してくる。あわせて千両。三浦屋からとってくる」

「とほうもないことを、いうな。左様なことが、できるのか」

「できるも何も、それが、三浦屋と、われわれの約束ではないか」

たしかに、そうであった。「鋳銭で利益があがれば、吉岡宿再興のための資金を出す」と、三浦屋は確約していた。

それにしても、菅原屋には、いつも驚かされる。この男は、緻密なのか大胆なのか。しかし、これまでの結果からすれば、常に勝っている。今回のことも、勝算あってのことであろう。ついていくほかない。

「勝算はありましょうか」

石巻にいく道すがら、おそるおそる、十三郎は、きいてみた。菅原屋はいった。

「あんたは、三浦屋の親類だろう」

「……」

事実、そうであった。三浦屋はいまでこそ仙台城下の豪商であるが、その父親は吉岡宿の生まれで、まだ吉岡のあちこちに親類縁者がのこっている。十三郎も、その縁続きにあたり、三浦屋が、十三郎の息子の音右衛門に、鋳銭の手伝いをいってきたのも、それによるところが大きかった。

「鋳銭は、お上は儲からぬ。しかし、請け負うた者には利益がおちる。そういう仕組みになっている。いまの三浦屋にとって千両は払える金だ。しかし、あれほどの商人には、一抹の、ずるさがある。ずるさとは、わざと黙っている、ということだ。催促されるまで、払わんですむものは、黙っていて払わぬ。ただ、それだけのことだ」

「そうはいっても……」

「考えてもみよ。三浦屋が、お上の御用で、われらと悶着をおこしたらどうなる。三浦屋は証文に印鑑をついている。それを反故《ほご》にしたとあっては沽券にかかわるであろう。ああいう大店《おおだな》は世間体に弱い。それに三浦屋は吉岡の出だ。吉岡を見捨てれば、先祖の墓参りも、きまずくなるというものだ」

なるほど、菅原屋のいうことは理が通っている。三浦屋が払うといったものを払わねば、三浦屋の非である。菅原屋は、三浦屋の世間体というものを交渉の勘定にいれていた。

「こういうことは、公の檜舞台で、堂々と、申し開くにかぎる。ついては、十三郎殿。これからその小道具をこしらえる。手を貸してくれ」

そういって、菅原屋は、ふところに手をいれた。奇怪な紙片を出した。何かと思ってみると、それは、

――熊野牛王符《くまのごおうふ》
であった。熊野牛王符とは、起請文の用紙である。熊野社の使いであ

る黒い鴉の文様が刷り込まれているから「おからすさん」ともいう。中世以来、この国では、神かけてものを誓うときには、この紙に約束ごとを書くことになっている。熊野牛王符に書いた誓いをやぶれば、どこかで鴉が一羽死に、熊野権現の怒りによって、誓いを立てた者は、血を吐いて死ぬ。地獄に堕ちて、業火に焼かれつづける、と信じられている。

菅原屋は、どこで手に入れたか、熊野牛王符をもっており、十三郎に、それを突き出した。

石巻の鋳銭座につくと、すぐに三浦屋惣右衛門に対面した。鋳銭座には、江戸下りの金師《かねし》、金主名代《かねぬしみょうだい》をはじめ、座方役人《ざかたおおやく》の面々がいる。

お歴々が列座した大広間で、菅原屋は、大演説をはじめた。

「ここにおられる三浦屋殿は、これこの通り、加金《かきん》の証文を、われらに下されておる。しかし、鋳銭座のほうからはこの証文のとおりには金を払えぬ、と、おっしゃる」

「……」

座元・三浦屋の正しからぬところを、この男は弾劾しはじめるのかと、一同は、静まり返った。静寂が大広間を支配したところで、菅原屋はいった。

「本来ならば、払っていただかなくてはならぬ筋ですが、こたびは、われわれが折れましょう。実は、わたしたちは、五、六人の仲間をつのり、念願していることが、ございます。お上にいったん大金（基金）を差し上げ、年々、そこから利足をいただいて、吉岡宿のみなの衆に配分したい。その仕組みをつくりたいと、志しております。三浦屋さんにご用立てしたのは、そのための大切なお金でした。吉岡宿は、貧しい町ですから、大金は調えかねます。そこで、三浦屋さんのお力添えで鋳銭座からお金をお借りしようと思ったのです。お上から下されるはずの利足金で返済していくつもりでした。しかし、こうなった以上、鋳銭座のほうからお金を貸していただく話はあきらめます。そのかわり、旧冬に三浦屋さんにご用立てした四百五十両はお返しください。利足も、お約束とちがって、世間なみで結構です」

「まあ、そういわぬでも……」

気まずそうに、三浦屋はいった。

「では、あらためて、三浦屋さんにお願いいたします。金をご用立ていただきたい。いますぐとは申しませぬ。鋳銭がいよいよ繁盛していかれるようなら、お約束どおり、貸していただきたい。繁盛しないようなら、残念ですが、われわれは、それもあきらめます」

言い分としては、菅原屋たちのほうが、正しい。三浦屋たち鋳銭座の非は明らかであった。

(筋が通っている)

列座する座方役人の誰もがそう思った。自分たちの鋳銭座は、立ち上げ時に、金にこまっていた。そのとき、貧しい吉岡宿から、なけなしの金を借りて、助けてもらった。鋳銭の事業がうまくいきはじめたのなら、今度は、最初の約束をまもって、この貧しい宿場に金を返し、助けるべきである。

そのときであった。菅原屋は、懐中から、おもむろに一枚の紙を取り出した。熊野牛王符であった。

「わたしたち二人は、お借りするお金を、一文たりとも、私利につかいませぬ。私心では、このようなことはできませぬ。このままでは、わが吉岡宿は困苦につぶれてしまう。それを救いたい一心でござる。そのこと、かくのごとく、熊野三社に誓ってござる」

そういって、熊野牛王符をひろげ、平蜘蛛のように平伏した。そこには、菅原屋篤平治と穀田屋十三郎の署名があり、黒々とした、

――血判
が、生々しく、あった。

鋳銭座の役人たちの視線は、いっせいに、三浦屋の顔にそそがれた。

三浦屋は、たまりかねて、いった。

「そ、そういうことなら、承知した。座方の衆も、ご異論はございませぬな」

これで決まった。

三浦屋は、十三郎たちから借りた四百五十両に利足をつけて返してきた。それればかりか、吉岡宿再興のために、

――金一歩判二千二百五十切（五百六十二両二分）

もの大金を貸し付けると申し出てきたのである。

あまりに、うまくいったものだから、十三郎が、

「菅原屋さん。あんたはすごい。ほんとうに、三浦屋から千両以上ひ

きだした」

といったが、菅原屋は、無愛想なままで、

「いや。まだ、仕事はおわっていない。口約束ではなく、三浦屋から、ちゃんと証文をとらなければ」

と、口を真一文字に結んだ。

しかし、三浦屋も観念したものらしい。四月になって、十三郎が、仙台城下柳町の三浦屋へいくと、惣右衛門の応対は、いつにもまして物腰やわらかであった。十三郎が、

「近々、お上に、吉岡宿のことを願いあげることになりました。ついては、お金が要ります。そこで、先日、お約束くださったように、三浦屋さんがたしかに大金を出してくださる、という証文を書いていた

だきたいのですが……」

と申し出ると、

「ごもっともなことです。よろしい。書きましょう」

と、拍子抜けするほど、あっさりと証文を書くことを承知した。

「それはありがたい」

「宛所は、どうすれば、よろしいかな」

「菅原屋篤平治殿、穀田屋十兵衛殿、それに、わたくし穀田屋十三郎を宛所としてください」

「承知しました」

「実は、三浦屋さんからの五百六十余両の金策に失敗すれば、この三人が家財すべてを売り払い、家族を身売りして、この金を用立てることになっているのです」

十三郎のこの言葉に、利を追うことばかりに生きてきた三浦屋は、ほんとうに驚いたらしい。にわかに饒舌になり、

「吉岡は亡父の生まれ在所です。元をただせば、貴殿の本家は、わたしの家にとって家元同然。なにか、お役にたてることはないか、と、かねてから、思っていたのです。今度、十三郎さんたちが、思い立たれたことは、わたしにとっても、結構なことで、満足しております」

などと、いった。その言葉はうわべだけで、まことは、微塵も、こもっていなかった。しかし、言ってくれるだけ、うれしい、と、生来、気のいい十三郎は思った。

これで資金のあては、半分ついた。金というものは、雪玉に似ている。いったん核になる資金ができると、雪玉が転がるように、金が金をよび、玉は大きくなっていく。

「仙台の三浦屋が五百六十両を融通するらしい」

それだけで、お上に千両の金をあずけ、その利足でもって、吉岡宿の困難を救う計画は、格段に、現実味をおびてきた。

十三郎は、これまで、耐え忍んできた一事を菅原屋に相談した。

「そろそろ、実家の浅野屋に、このことを打ち明け、助力を請わねばならぬ、と思うのだが……」

「それは、いまが潮時じゃ。すぐにでも、話した方がいい」

菅原屋は、そういうのだが、幼いころに、養子にやられた身としては、なかなか話しづらいところもある。浅野屋は吉岡宿でいちばんの商家であった。この実家から、金を調達できれば、企ては一気に進む。しかし、気になることがあった。たまに実家に帰って、吉岡宿の救済のことなどを、弟の浅野屋甚内、その子・周右衛門《しゅうえもん》や老母に話し始めると、どういうわけか、みな、だまって話をそらす。それが、どうにも解せない。そのうち、十三郎のほうでも、

「吉岡宿のために大金を出す」

というような、家業を危うくする話は、まったくしなくなったのである。

——四月十三日

は、十三郎の実父、先代の浅野屋甚内の月命日であった。

ほんとうは歳暮の十二月十三日が命日なのだが、この時期は商いが忙しい。浅野屋では、時節のよい春のこの月命日をえらんで、親戚一同で法事をすることになっていた。

この日、思い切って、十三郎は、菅原屋をともない、実家に乗り込んで、吉岡宿を救うための計画を打ち明け、金の助力をたのむことにした。

ただ、いざ話すとなると、言葉がうまく出てこない。とたんに、よそよそしくなる。

それでも踏ん張って、十三郎は口を開いた。

「このたび、拙者は……」

そういって語りはじめたと、『国恩記』には記録されている。

十三郎は、懸命に話した。これまでの経緯を、あれこれと説明し、三浦屋から取ってきた証文を前にひろげて、実家の面々にみせ、ようやく資金調達のめどがついてきたことなどを話した。しかし、話せば、話すほど、実家の家族は、だまりこんでいく。とうとう、しまいまで説明し、十三郎は、ようやくに、こういった。

「浅野屋様からも、相応のお金をいただきたいのですが……」

その瞬間、浅野屋全体を、沈黙がつつんだ。しばらくして、どこからともなく、声がきこえた。

「ほんに、こんなことになるとは。十三郎兄さまは、父親に、そっくりじゃのう」

弟の甚内であった。

「……」

「十三郎殿。実は、おまえさまに、ずっと黙っておったことがござる」

「何となな」

「兄上は、穀田屋の高平へ養子にやられてしまったから、これは浅野屋の大事として洩らさなかったことじゃ。もう、秘しておく必要もなくなったから話す。実は、先代の甚内が、臨終の床で、言い遺したことがある」

「どういうことでござるか」

「それはの。こういうことじゃ。おまえさまの父は、いまわのきわに、枕元に、みなを呼び集め、こういうたのじゃ。『もはや、わしも臨終が遠くない。かねがね申し付けているように、家業の相続を大切にいたしたうえで、手の及ぶかぎり、貧家孤独の人を恵んで助けよ。別して、老母は大切にしてもらいたい。この期におよんで、思い残すことはないが、わしには中年のころより、一つだけ大願があった。それは、この吉岡宿の伝馬合力《てんまごうりき》願のことじゃ。なんとかして、お上からこの吉岡宿に御救いをもらいたかったが、お迎えの時機がくるのと、寿命には限りがあるのは、どうにもできない。残念であった。どうかたのむ。ここに年来、ためてきた浅野屋の銭は、ほかのことには使わないでほしい。おれがだめなら、息子のおまえ、おまえがだめなら、孫の周右衛門と、何代かかってもよいから、この志をすてぬよう。どうか、吉岡の宿がたちゆくよう、この金をつかって動いてほしい』。そういうて、わしの手をにぎり、さも無念そうに、息をひきとられようとする。そのとき、わしは一生懸命にいうた。『末期の遺言たしかに承りました。わたくしも年々銭をたくわえ、時機を待ちます。それでも無理ならば、息子の周右衛門にいいきかせて、かならずや、御志をとげさせます』。そういうと、父上は、ただ、だまって、うなずかれるだけ。すこし、微笑まれて逝かれたのじゃ」

「そんなことは、ひとことも、きいておらなんだ！」

十三郎は泣きながら叫んだ。

実父が、自分とおなじように、吉岡宿を救うための仕組みづくりを考えていたとは、思いもよらなかったからである。あとにつづけられた弟の言葉は、さらに、十三郎を驚かせた。

「この話をきいたあと、わしは母と相談して、おまえさんには、だまっておくことにしたのじゃ。そのほうが、いいと思った。なぜなら、どのみち、この浅野屋の身代はあやうくなる。おまえさんまで、巻添えにはしたくなかったのだ。わしも、母も、おやじと同じ気持であった。吉岡宿のために家財のほとんどを吐き出す覚悟をきめていた。ところが、親子というのは、似るものよのう。何も知らないはずの、おまえさんのほうが、かえって、吉岡宿救済に奔走して、穀田屋を潰すいきおいじゃ。もう、こうなっては、いたしかたがない。考えてみれば、こんなうれしい話があろうか」

その場にいた誰もが、泣いていた。菅原屋も泣いていた。

真っ赤に目をはらした弟の甚内が、いった。

「いや、今日は、おやじの命日ということもあって、思わず、落涙をおめにかけてしまいました。なにぶん、みなさま方のご料簡におまかせします。いくら、ご助力すればよろしいでしょうか」

「とりあえず、五百貫文の加代証文《かだいしょうもん》をお願いいたします」

「ひとえに、おやじの存念が、冥途から通じたのでしょう。おやじの位牌と老母に、このことを伝えたいと思いますので、しばらく、おまちください」

老母はすぐに出てきた。そして、息子を叱咤するように、いった。

「そんな吟味なんぞ、いらん。早く、御両人に、その加代状とやらを書いて渡しなさい！」

甚内は、すぐさま、亡くなった父親の位牌のまえに、筆硯をもってきて、

——五百貫文

の加代証文をしたため、十三郎と菅原屋に渡した。

さらに驚くべきことが、翌日、おきた。菅原屋は、前日のお礼もあって、甚内の家に立ち寄った。菅原屋は、心を鬼にして、冷徹な言葉を放った。

「昨日はありがとうございました。いまのところ、三浦屋から二千切(五百両)ほど、それに加えて、貴殿からの五百貫文があつまりました。しかし、お上に上納するには、まだまだ足りない。御苦労ではあ

りますが、さらに出金していただけませんか」

ふつうなら、怒るところである。ところが、甚内はいった。

「ならば、もう五百貫文出しましょう」

必要ならば、まだ出す、といわんばかりの勢いであった。それ以上、出されては、浅野屋はつぶれてしまう。そうなっては、こまる。

「いや。証文を千貫文に直していただければ、それで十分です」

菅原屋は、そういって、帰った。

こうして、徐々にではあるが、資金の見込みは、たってきた。しかし、内心では、金を出したくない、と思っている者が仲間内にもいて、途中、数人がやたら心配を口にしはじめた。

「三浦屋惣右衛門が、また、ひきょうなことを言い出し、金を出し渋ったらどうする。そうなったら、この企ては、箸にも棒にもかかるまい」

と騒ぎ出した。すかさず、菅原屋が、

「そんなときは、それがしと、十三郎、十兵衛の三人が、素っ裸になり、身売りをしてでも金は調達する。われわれ三人は、もとより、その覚悟だ」

と言い放ち、神に誓った連判状、熊野牛王の誓紙を床にたたきつけた。

その勢いに気おされて、あれこれいった者たちも、

「い、いや。ごもっとも。われわれとて、貴殿と同じ考えでござる」

と、たじたじとなった。菅原屋は、なおも、たたみかけ、

「では、この企てについて、みなさまがたも、少しも、ひきょうの

働きはせぬ。それで、およろしいな」

と念を押した。こういわれては、一同、納得するほかはない。みな、うなずいた。

十三郎は舌をまいた。菅原屋は、会合のなかで、ふとあらわれた結束のみだれを逆手にとり、すかさず仲間を固めていく。見事な手際であった。

このあとの難関は、領主に願い出て、吉岡宿の救済の仕組みを作ってもらうことであった。はたして、領民が領主に金を貸し付けて、利金を取りつづけ、役儀(税金)をまけてもらうなどということが可能であろうか。十三郎は、ずっと、こらえていた問いを、菅原屋にぶつけた。

「菅原屋さん。金のめどはつきそうだ。しかし、どうやって、お上に、われわれの仕法（計画）を認めてもらうのか。願書をだせば、すっと通るものでもなかろう」

「そのことよ」

「というと」

「十三郎さんは、大友軍次殿と、お知り合いか」

「但木御家中の大友殿ですか。お名前ぐらいは」

「ならば話が早い。この吉岡で、お上の手の内をいちばん知っておる」

大友軍次は吉岡宿を領する但木氏の家来である。まずは、この男に聞くのがよかろう。十三郎は菅原屋と二人連れ立って、大友を訪ねた。

吉岡はただの宿場ではない。伊達政宗がおいた「伊達四十八館」のひとつである。一応、城下町としてできあがっているから、道が曲がりくねり、坂が多い。

――吉岡の七曲り八坂

俗に、そうよばれている。

――ふんどし町

というものさえいる。事実、敵の侵入に備え、一町行くごとに道が直角に折りたたまれている。だから、歩いても、歩いても、なかなか前に進まない。道が曲がるたびに、上町、中町、下町と町名がかわる。

二人は、このふんどし道を上町から中町、中町から下町へと、くねくねと歩いた。下町のはずれに、領主の但木氏の御居館があって、まわりを侍屋敷がかこんでいる。

大友軍次の屋敷は、そこにあった。

大友は仙台藩の直参ではない。伊達家の家臣たる但木家の家来であるから、俗にいう又者《またもの》（陪臣）であって、十三郎よりも、はるかに貧しい。

それでも、屋敷にいってみると、小さな門を構えており、侍の格式を示していた。話すときにも作法がある。武士である大友は、敷居をへだて、むこうの上座にすわる。十三郎たちは下座にかしこまった。

二人が、計画のあらましを話すと、大友は、あきれはてたように吐息をついた。

「はぁ。またえらいことを考えついたものじゃの。して、そのほうらが、わしに、これを打ち明けたのは、いかなる料簡か」

「はっ。もし、この訴願を、お役所に上げたとして、お上はこれをお取り上げになられましょうか。その見込みをおうかがいしたく、また、いかなる形で、願い出れば、お取り上げがかなうか。それを内々におうかがいしたく参上しました」

大友は「ほう」という顔をした。

「それは仙台の役所にあたってみねば、わからぬ」

「大友様、一生のお願いにござりまする。どうか、お出入りの役所に、この訴願について内々に聞き合わせてくださいませぬか」

「考えておく」

大友は渋い顔をした。仕方なく、二人は、とぼとぼと家に帰った。

ところが、しばらくたって、大友のほうから、しらせてきた。

「先日の件、調べがついたから、出頭せよ」

二人は、よろこび勇んで、宿場をつらぬく道を、ふたたび、くねくね曲がり、大友の屋敷に、たどりついた。

前とは、うってかわって、大友は饒舌であった。この男は、生まれついての役人かたぎで、仕事を与えられると、動かずにはいられない性質《たち》であったらしく、二人がかえってから、せっせと書状を役所の知り合いにしたため、あるいは、自分で見込みを聞き出してきていた。

それは、十三郎がきく、はじめての侍の世界の政事《まつりごと》のさまであった。

大友はこういった。

「役所では、脇々にその例があるかが、肝心である」

藩の役所は事なかれ主義で動いている。その行政は受け身なもので、村々から願い出がないかぎり、たいてい新規のことはしない。もし、下々の者が、何か新しいことを願い出てきたら、先例を調べ、脇に似たような事例がないかを、とにかく吟味するのだという。仙台には、勘定方という役所があって「勘定吟味役」がおり、吟味にあたる。重要な案件になると、吟味役が諸都の大肝煎（大庄屋）に問い合わせ、事例を引き合わせ、不平等にならぬようにしているという。

役所が先例にこだわり、過去の指示や答弁の検索に終始するのは、いまにはじまったことではない。律令の官吏がはじめたものを鎌倉・

室町幕府の法曹官僚が発展させ、江戸時代にいたり、藩の行政が決定的に、この事例行政をやった。藩庫に行政記録をつみあげ、それに驚くほどたくさんの付箋をつけ、目次をつくって事例を参照できるようにし、現場の実情よりも、事例をふりまわす行政は、近世の幕藩にいたって本格的に生まれたといってよい。

「それでな。そのほうらの訴願であるが……」

「いかがでございました」

「それが、意見がまちまちで、よくわからぬ。ある役所の者は『これは古今無双の願いである』と褒めちぎっておった。『およそ当代に、これほど、庶民が心をそろえて願い出てきたことはあるまい。藩の記録でも見聞きしたことがない。きっと表立って願書を提出すればお取り上げになるだろう』。たしかに、そういう者もいた。ところが……」

急に、二人の顔が曇った。

「ところが、なんでござりますか」

「いや、そのほうらの願いが『立派すぎる。かえってまずい』という者もいたのだ。『この訴願はあまりに立派すぎる。立派なのは領民のほうで、これでは藩の政事が悪いようではないか、お上へのあてつけのようにならないか。過分に立派な訴願はかえって心配だ』というのだ」

「そんな」

二人は絶句した。ひどいといえば、これほど、ひどい話もない。仙台藩は、長年にわたって、吉岡宿に課せるだけ課役しておきながら、助力をしてこなかった。いわば見殺しにしてきた。非は藩のほうにある。吉岡の民は、それをぐっとこらえ、みなが無私の心になり、なけなしの金を用意して、藩に献上し、救いの道をもとめているにすぎない。ところが、役人のなかには「領民にそんな立派なことをされては、お上のひどさが目立つ。あてつけのようで面白くない」と思っている者もいるらしい。

――お上や役人は、おのれのことしか考えぬものらしい。

十三郎は、それを感じて悲しくなった。

「また、『この願いは永い目でみると、お上の不利益である』といってきた役所もあった。さらに、こういうのもあった。『利子をかなり少なめに願いあげれば、願主の志が奇特でもあり、許可がおりるかもしれない』」

「……」

そんなことは、できるはずもない。

「金を借りれば、世間なみの利子がつく」というのは、あたりまえの話である。ところが、藩は、金をもらいながら世間相場で利子を払う、そのあたりまえのことさえ、念頭にないらしい。利子をはらうのは不利益になるとか、少ない利子なら話をきいてやってもよいとか、およそ、仁も徳もない勝手なことを考えているらしかった。

「結局、わからないということだな」

大友の家を辞してからの帰り道、菅原屋は、そういった。

「もともと、藩が一筋縄ではいかぬことはわかっていた。あきらめずに、やりましょう」

十三郎は、そういうほかなかった。

しかし、悪いことばかりではなかった。金のめどのたった十三郎たちは、吉祥院にあつまって、寄合をくりかえした。吉祥院というのは、吉岡宿の真ん中にある寺で、旦那衆は、よく、ここにあつまって、寄合をひらく。

そのとき、うれしいことがあった。その席上、仲間の一人がこういったときに、それは起きた。

「ひとつ不安がある。われわれは三浦屋惣右衛門から借りることで、ようやく千両の金を用意し、この計画をすすめている。かりに、藩から、毎年、百両の利子がとれるようになっても、はじめのうちは、三浦屋への返済にその百両をあてなくてはいけない。吉岡の庶民は、この計画が通れば、すぐにでも金がもらえるものと思っている。ところが、それがもらえず、仙台の豪商のところに金が行くとなると、きっと、この町の庶民は『やれ不正だ。横領だ』と騒ぎ出す。われわれは藩の裁きに引きずり出される。そうなると、計画もへったくれもなくなる」

たしかに、そうであった。この計画をすすめている十三郎たちは、宿場のなかでは、旦那衆で、それなりに学がある。だが、宿場の者は、みなが字をよめるわけではない。

「無学な連中が、なにをするかわからぬ」

そういう危惧があった。ところが、この話をしているとき、突然、向こうのほうから、大声があがった。

「旦那さまがた！　そんな心配は、いらねえ」

「おらたちは、そんなこと、いわねえ。信じてくだせえ」

台所で下働きをしていた男たち、中町の伝五郎と下町の平八であった。

彼らは、下座から、口々に訴えた。

「おらたちには、とても、この企てに金を出すことはできねえ。だども、旦那さまがたのご苦労ぶりは身にしみてわかる。三浦屋さんに、お金を返してからでなければ、お救い金はもらえない。そのことは、おらたちの責任で、みなに丁寧に説いてまわる。いまから家々を回って『旦那がたに粗忽な言いがかりをつけることはしない』との一札をとってくる」

惣百姓から連判状をとって、十三郎たちを、たすける、と、いいだしたのである。十三郎は目頭があつくなった。

江戸時代、とくにその後期は、庶民の輝いた時代である。江戸期の庶民は、

——親切、やさしさ

ということでは、この地球上のあらゆる文明が経験したことがないほどの美しさをみせた。倫理道徳において、一般人が、これほどまでに、

端然としていた時代もめずらしい。

平八も、そういう庶民の一人であった。さして地所などはもっておらず、吉岡宿の、下町にちいさな宿があるだけで、吉祥院の中間《ちゆうげん》(寺男)のようなことをして、つつましく暮らしていた。彼の仕事は、いってみれば、法事のときの弁当運びであり、ホウキをもってする門前の掃除、であった。

江戸時代は「地所を持つ」というただ一つのことが発言力をきめている社会であり、地所のない者は「一軒前」にあつかわれず、寄合にもよばれなかったから、この平八などは村政に、何らの責任も負わされていないはずであった。ところが、この男までもが、奔走をはじめた。いや、奔走というより暴走といったほうがよかった。

「このままでは吉岡宿はつぶれてしまう」

平八の胸はその思いでいっぱいになったらしい。資金をあつめて、お上にあげ、基金をつくって宿場の救済をしなければ明日はない、と、思いつめた。

滑稽なことに、この男は、町内の金持ちたちをまわり、勝手に熱弁をふるって、資金あつめをはじめた。十三郎と菅原屋が駆け回って、すでに出資者は八人にのぼっている。平八はさらに九人目の出資者をみつけようとして勝手に動きはじめた。十三郎や菅原屋は、そのことを知らない。のちに、話をきかされて、仰天した。

平八は寺男だけに顔がひろい。なにより寄付あつめに馴れていた。

勧進帳をもってまわる金あつめをやらせれば、この男に勝るものはいない。平八は手はじめに、

――早坂屋

に乗り込んだらしい。早坂屋に目をつけたのは、最近とみに、この家が富裕になってきているからであった。早坂屋の商売は酒造で店は下町にある。吉岡宿で豪商というべき者はみな上町にあつまっているが、早坂屋の酒蔵だけは、ぽつんと下町にある。菩提寺もちがっていて、上町の古株はそろって九品寺に墓があるが、早坂屋だけは中興寺であった。なぜかといえば早坂屋が新興の商人だからで、そのせいで浅野屋や菅原屋、十三郎たちとは、やや遠い間柄になっていて、まだ出資に加わっていない。

早坂屋の当主は新四郎といい、当年とって四十ほどのみるからに怜悧な男であった。早坂屋は進取の気性をもった家で、新四郎も商いに積極的であったため、酒蔵をいくつもならべるに至った。

「温泉を開鑿《かいさく》したい」

ちかごろでは、そんなことまで言い、近郷の山を歩き回っては、温泉場になりそうな熱泉をさがしている。余談だが、明治末、この家系に早坂文雄という秀才がうまれた。東京帝大に入学し、昭和のはじめに、世界ではじめて落下傘を安全に開く装置を発明している。

ともあれ、平八はこの早坂屋を説得することにしたらしい。平八が早坂屋を説得したときの一部始終は、のちに『国恩記』に精確に記録された。寺男が語った言葉がそのまま残されているのは、記録のよくのこされた江戸時代でもめずらしい。今日、われわれが庶民の意識を知りうる思想史上の好材料となっている。


十三郎がのちにきくところによれば、平八は、

「さだめて、お聞きおよびのことと存じますが……」

と、切り出し、延々と説得をはじめたらしい。

平八は、早坂屋にむかって、出資者の苦労ぶりを語った。

「上町の旦那衆はえらい」

と、平八はいった。

上町では、金持ちが皆うちそろって、この出資に参加している。浅野屋甚内殿のところでは、おかみさんまでが心をうちそろえて、この

ことにあたっていて、まことに涙がこぼれる。さらに上町では、さほどの金持ちでもない穀田屋善八までもが二百貫文でもって八人目の同志に加わることになったときく。上町の旦那衆は、ほんとうに身を捨てて、吉岡三町を救おうとしておられる。古今まれな篤心ではないか。それにひきかえ、早坂屋たち下町の金持ちはふがいない、というのである。

吉岡宿は、上町・中町・下町の三町にわかれている。いま金を出そうとしている者たちは、みな上町の旦那衆であった。このままでいけば、平八たち、下町の者は、一銭もださず、これにタダ乗りして、利足だけ配分してもらうことになってしまう。それでよい。そのほうが得である、とならないのが、この時代の庶民のおもしろさであった。

「もし、そうなれば、下町の住人としては一分がたたない。上町の連中は、金を出さなかった者までもが、吉岡宿を救った『上町』として自らを誇り、下町の住民は、小さくなって、そそくさと表通りを歩かねばならなくなる。そうなっては困る」

それが平八の論理であった。江戸人は庶民にいたるまで、

――体面

というものの占める割合が著しく高かった。この国民性は、すでに戦国時代にはヨーロッパ人宣教師が発見し、まるで宝物でもみつけたかのように報告している。そこが、この国、この時代の庶民のおもしろさであり、平八は、みずからの体面を失わぬために、同町の金持ちである早坂屋を必死で説得しようとしたのである。

平八は本心を語った。

「ほんとうは自分が金を出したいが、わたくし体《てい》の身分では、どうにも金の都合がつかない。しかし、貴殿はちがう。わたくしなどとは格別、金の都合もつくご身分である。出資の人数に加わるお考えはないか」

と、この貧しい男は迫ったという。早坂屋が黙っていると、さらに、こう、たたみかけた。

「末の世まで、御名の残ること。なにとぞ、御料簡しかるべく」

平八があまりに真剣なものだから、さすがの早坂屋も気おされた。

「いくら出せばよいのか」

ときいた。それへの平八のこたえが、おもしろい。まるで、早坂屋の主人になったかのような大きな態度で、腕を組みながらこういったという。

「そうですな。だいたい、あなた様のご身分では、五六百貫文といったところでしょうな。それぐらいは出さねば、出資の仲間には入れてもらえますまい。なにしろ、みな家財・衣類・妻子までも質に書き入れておられるのですから。浅野屋さんなどは着物がすっかりなくなって、着たきりスズメになっておられるとか。ご身代が少々痛むぐらいでなくては、話になりません。それぐらい出さねば、世上の取沙汰も、ご身分ご相応のお骨折りということには、なりますまい」

早坂屋にとっては、べらぼうな話であった。五六百貫文も出せば、ほんとうに早坂屋は傾いてしまう。店がつぶれるほどではないが、呑める話ではない。しかし、それが「ご身分ご相応のお骨折りである」と、いわれてしまえば、無下にはできない。

これについては、いささか説明を要する。江戸という社会は、日本史上に存在したほかのいかなる社会とも違い、

——身分相応

の意識でもって保たれていた。身分というものがあり、人がその身分に応じた行動をとる約束事で成り立っていた社会である。その開祖、徳川家康は「味噌は味噌臭きがよく、武士は武士臭きがよし」という言葉を好んだ。ようするに「身分に応じた振る舞いをせよ」というこ

とである。武士が見事に腹を切るのも、庄屋が身を捨てて村人を守るのも、この身分相応の原理に従ったものであり、この観念は、江戸時代における最も支配力の強い人間の行動原理であった。身分相応の行動をとるのが、あたりまえであり、それに従わぬものは、世間から容赦なく、卑怯者、無道者の烙印をおされ、白眼視された。

早坂屋も、その身代に応じた貢献を宿場にせねばならない。庶民のほうでも、当然、上の者は、そうするものだと思っている。それゆえ、江戸時代の上流者はつらい。「身分相応のことをしろ」という、庶民の容赦のない突き上げにさらされていた。

そうであったから、平八も、容赦なく、早坂屋に、宿場のためになる金の支出をせまったのである。

早坂屋は返答に窮したらしく、

「お気遣いは、かたじけないが……。うちの身代では……。どうか、そこのところをくんでもらえまいか」

しどろもどろに答えた。

しかし、平八は勘弁しない。この時代の道徳では、正義は明らかに彼にあった。平八は、まるで導師のごとく、早坂屋に説教をはじめた。

「さて、さて、誠意のないことをいわれる。よく考えてごらんなされ。家が永久に富み栄えるということはないでしょう。むかし、この町に、惣左衛門殿・六左衛門殿という酒屋があり、豊かに暮らしておりましたが、どうなりましたか。いまは家の跡さえわからない。だが、鐘や仏像を寄進していれば違う。中町の高屋五郎七・福田屋又作は亡んでも施主としてその名をとどめている。人が必ず死ぬように、貧富も時でうつろうものです」

「……」

「明智日向守（光秀）とて、そうではありませぬか」

どこで聞きかじったか、この寺男は史話をまじえた大演説をはじめた。

「明智は主君織田信長を弑《しい》し、主殺《しゆうごろ》しの悪名がある。しかし、生前、京中の地子銭を免じ、妙心寺の風呂場をととのえる施浴料をおさめていた。それで、いまでも妙心寺では、風呂に入るたびに、明智のために読経し焼香している。京都では、いまだに明智の位牌をまつるものもあるらしい。貴殿も、これにならって、後世の人に後姿を拝まれるような徳行を積んではどうか」

と、いうのである。

「虎は死して皮をとどめ、人は死して名をとどむ、といいます。わるいことは申しません。あなたも出資の人数に加わったほうがいい。永く御仁誉がのこります。ご子孫にも、後世にも悪いことにはなりますまい」

しかし、平八がこういっても、早坂屋は、一向無言であった。しばらく、目をとじ、工夫をこらしているようであったが、最後に、苦しそうに、こういった。

「二三百貫文ならなんとか。五六百貫文は、とても無理。三百貫文よりほかは一文も増やせない、そういうことで勘弁してくださらぬか」

こうして、結局、早坂屋も、金を出すことになった。

江戸時代の日本人の、

——公共心

は、世代をタテにつらぬく責任感に支えられていた。

(そんなことをしては、御先祖様にあわせる顔がない。きちんとしなければ、子や孫に申し訳ない)

という感情であり、平八は、ひたすら、そこに訴え、早坂屋を説き伏せた、といってよい。

十三郎たちにとっては、ありがたい話であった。

「しかし、いくらいっても、金を出さぬ者もおりました」

と、平八はいった。

「一体、だれに勧めたのだ」

十三郎が心配そうにきくと、平八はいかにも悔しそうに、勧誘の失敗談を延々と話しはじめた。

中町からは一人も出資していない。これではいかぬと思って、平八は、伝五郎と幸右衛門を使いにたてて、渡辺屋と浅間屋と桜井屋を説得にいかせたという。しかし、いずれもうまくいかなかった。

渡辺屋は吉岡宿でも評判のケチで、話をきくと、

「それは結構なことですな。お仲間に入りたいとは思うが、なかなか

拙者の身代では……」というばかり、そのうち、無言のにらみあいになり、喧嘩別れになった。

浅間屋は論外であった。浅間屋の商売は近年よくない。

「お上への願い上げは、陰ながら、うらやましく思っている。十貫か二十貫なら、なんとかなるが……」

そんなありさまで、勧誘をあきらめたという。

桜井屋にも行ったが、ここも出資してもらえなかった。

「子孫長久の基でありますから」

と、頼んだのだが、色よい返事がない。桜井屋ならば、百貫文ぐらいが相応だろうと思って、その金額で交渉してみたが、頑として、応じない。

「この時節に生まれ合わせたのは、かえって大いなる幸せであると思い、ひたすら、子孫のことを考えて、目を真っ暗闇につぶって仲間にお入りなされ」

平八が説得を試みたが、どうにも駄目だったという。

すでに江戸時代も後半にさしかかっている。「家意識」は、この小さな宿場町の人間にもすっかり浸透していた。

――家意識

とは、家の永続、子々孫々の繁栄こそ最高の価値と考える一種の宗教である。この宗教は「仏」と称して「仏」ではなく先祖をまつる先祖教であり、同時に、子孫教でもあった。子孫が絶え、先祖の墓が無縁仏となることを極端に恐れた。江戸時代を通じて、日本人は庶民まで、この国民宗教に入信していった。室町時代までは、家の墓域を持つことはおろか、墓に個人の名を刻むことさえ珍しかったが、江戸時代になると、「誰が墓を守るのか」が問題になり、「墓を守る子孫」の護持が絶対の目的となった。それゆえ、「現世のおのれか、末世の子孫か」と、迫られれば、たいていの人間は後者をとった。

桜井屋のように「当代が潰れては、子孫も何もない」という刹那主義は、むしろこの国民宗教の異端者であった。このとき出資を断った渡辺屋・浅間屋・桜井屋の三軒は、のちのち気の毒なほどに吉岡宿のなかで、悪評にさらされた。渡辺屋などは、勧めた伝五郎と幸右衛門のほうが、口ベタで出資に至らなかったようなものなのだが、のちのちまで「あの旦那は、ケチな生まれつき、そのうえ短才の人品」と、さげすまれ、あまりにひどいものだから、地元で僧侶が「まあ、そう悪口をいいなさるな」と、宿場の衆をなだめるほどであった。

「困ったことになってきた」

十三郎はため息をついた。純粋な気持ちで出資を募ったのだが、金を出した者が過剰に尊敬をあつめ、金を出せなかった者が白眼視されはじめている。

このことを、いちばん心配したのは、大肝煎の千坂仲内であった。郡全体を取り仕切る大肝煎として、

「手を打っておかねば、なるまい」

と思ったらしい。千坂は、出資に応じた八人の者をよびあつめ、十三

郎、菅原屋、甚内など、居並ぶ八人を前に、

「慎まねばならぬ」

といった。

すでに、吉岡宿の住人たちは、彼ら九人をまるで「赤穂義士」のように、もてはやし、取沙汰をはじめている。一方で、金を出さず悪くいわれはじめた者もいる。狭い世界に棲む者は羨望と嫉妬が強い。狭い吉岡宿では、すでに、その兆候があらわれはじめている。おのおのがたが金を出したのは、宿場を救わんとする真心からであろうが、快く思わぬものもいる。気を付けねばならぬ、というのである。

千坂は、気を付けるべき事柄を、こまごまといった。

「とにかく何をされても堪忍する。たとえ、商いでも遠出は控える。

病にならぬようこまめに医者にかかる。吉岡復興の願い上げについて聞かれても、一言も漏らさない……」

十ヶ条以上、延々と説いた。このようなことは、十三郎も菅原屋も、百も承知であった。驚いたのは、千坂が、この願いがかなったときのことを話し始めたことである。これは意外であった。

「おのおのがたには、子々孫々の代まで、言い伝えねばならぬことがある。もしこれが満願成就しても、それでもって、なんの栄誉もうけぬ、と誓ってくれるか」

「どういうことでしょうか」

「おそらく、この願いが成就しても、われらのなかには、それを鼻にかけるような者はおるまいが、子々孫々の代になれば、わからぬ」

たしかに、そうであった。この計画によって、吉岡宿が救われれば、この九人は吉岡宿九人衆などともてはやされるであろう。やがて、それは、かならず、ある種の、

――家格

となる。宿場を救った九家として、この狭い宿場のなかに家の格をしっかりと位置づけられるに違いない。

「そこで約束してもらいたい。子々孫々の代にいたるまで、おのおののがたは、上座に座らぬということを」

「……」

――今後、振る舞い酒によばれても、町の寄合に出ても、人より上座にすわらない。末席に甘んじよ

というのである。いささか、行き過ぎであったが、異論はない。千坂から返答をせまられたほかの八人も、それぞれ、きっぱりと、

「異儀ござらぬ」

と、こたえた。もとより損得の勘定があってのことではない。みな、あたりまえだという顔をした。たとえ、この念願かなっても、子々孫々まで、いばらぬように書き物をのこしておくことにした。一筆とっておかねば、あとあと安心できぬ、と千坂がいうので、そうすることにした。保身のために一筆とるのは村役人の常であったから、みな黙って従った。

——慎みの箇条

として、上座に座らないなどの条文を書き連ね、巻物の末尾に、みな

で署名することにした。十三郎も「穀田屋十三郎元弥」と名を記し、印判を押したうえで、そのしたに花押を書いた。この花押を書くときだけ、「穀田屋」などと名乗っているが、おのれも武士であるという気概がふつふつとわいてくる。ほかのみなも、花押はもっているらしく、まようことなく、すらすらと武将のような書き判を書いて押した。

ところが、早坂屋の新四郎だけは花押がないのか、商人としての自負でもあるのか、巾着ぶくろから大事そうに商印をとりだして、それを押したきりで、すませていた。

書類は、これで済むかと思ったが、そうではなかった。

「お上に願書を提出してから『やはり金は出せぬ』と、だれか一人でも言い出せば、この計画はすべてが水の泡となる」

千坂が不安げにいった。一同、たがいの顔をみあわせた。信じあっている仲間であるが、一人でも脱落すれば、たしかに一大事となる。

「では、それぞれ覚悟のほどを口上書にしたためようではないか」

菅原屋であったか、そこのところが記憶にさだかではない。誰かがそういった。

蛇足だが、この時代、百姓たちが、なんらかの運動をするなかで、個々人として決意表明をそれぞれに書き記すことはめずらしい。一揆にしても、願書にしても、集団の意志を一文にまとめあげて、それにみなが署名するというのが、ふつうであった。その意味で、この吉岡の九人は奇抜であるといってよかった。近代人さながらに、それぞれに吉岡救済にあたる「個の意志」を文書にして表明したのである。

まず、大肝煎の千坂仲内自身が筆をとった。それは悲愴な覚悟に満ちていた。

「万一、金について行き違いが生じたるときは、わたくし家屋敷・家財・衣類はもちろん、妻子までも身売りしても上納いたす。わたくし妻子ともに右の覚悟にござそうろう」

つづいて、肝煎の幾右衛門が書いた。

「拙者儀、本家浅野屋の母とも熟談いたし、心中覚悟決し、まかりありそうろう。たとえ、首に袋をかけ、物乞いになりそうろうとも、まったく後悔これなし。幼稚の（嫡子）桃吉にも覚悟いたさせ置きそうろう」

みなそれぞれが覚悟のほどをしたためている。

十三郎は、そのままの気持ちを記すことにした。

「たとい、おのれは身売りとなりても、かまいござなくそうろう」

御百姓にとって、なにより恐ろしいのは、無高の水呑に落ちることである。身売りとなることである。ご公儀の田畠を名請けして御年貢を納めておればこそ人間とみなされる。田畠、屋敷を失って水呑となれば、身を売って他人の奉公人となって借財を返しながら喰うていくしかない。そうなれば一家は離散である。子女は一生、他人にこきつかわれ、妻もなければ嫁にもいけぬ。身売りとなることは、御百姓にとって世間から死罪に処せられるに等しい。

いちばん、恐れていることを一気に書いたとき、倅の顔がうかんだ。自分のところに養子にきたばっかりに、音右衛門の人生はめちゃくちゃになる。安穏な酒屋のあるじにおさまるはずが、自分のせいで、身売り人に落とされる。それでも、やめるわけにはいかない。

「倅・音右衛門も『幾重に艱難《かんなん》つかまつっても一命を懸け、事を成就する』と申し出ている」

気を取り直して、そう書き添えた。

十三郎は、隣に座っている菅原屋が何と書くのか気になった。菅原屋の筆先をのぞいてみると、ほかの仲間とちがい、妻のことを長々と書いているので、ふきだしそうになった。

「愚妻にたずねたところ『あなたがそういうことを考えていらっし

ゃるのは思い当たるふしがありました。婦人が夫にしたがうのは古今かわらぬことで、いまさら新たに覚悟をするほどのことでもありません。この家に嫁いできてから、死ぬのも生きるのも夫にまかせております。御役頭様には、あなたのいいように、申し上げてください』といっております」

菅原屋は、ざっと、そういうことを書いている。菅原屋の妻は年のころは二十四、五であったと思う。菅原屋は若い時分は茶づくりに没頭していたから嫁取りが遅かった。三十路も半ばにさしかかってから、十四、五歳もはなれた若い女と一緒になった。名は「なつ」といったか、まことに色の白い、透き通るような肌つきの涼しげな女で、これと暮らすようになってから、菅原屋はそれまでの女嫌いとはうってかわって、この女を恋慕し、一日もはなれては暮らせないふうであった。町内きっての知恵者で知られる菅原屋が、若い妻にはまったく形なしだった。

いつもなら、この期に及んでも、あれこれ理屈をつける菅原屋が、妻の言葉をそのまま書き、結局、妻の言い分は「勝手にしろ」になっているのが、おかしかった。

十三郎たちはこれらの書き付けをすべてそろえて、いよいよ藩への願い出を決行することになった。

突然、はげしく戸をたたく音がした。どきり、とした。

そのとき、十三郎と菅原屋は、まさに藩に差し出す嘆願書について、ひそひそ話をしていた。もしや、事が露見し、早々に、お上の手の者がきたのか。そんな不吉な考えが頭をよぎった。

だが、ちがった。引き戸をあけて、ぬっと顔を出したのは、資金あつめに奔走してくれた平八たちであった。みちのくの木枯らしが吹きすさぶなかを、うす汚れた粗末な着物を着た男たちが、戸口に立っていた。彼らは、一様に、神妙な面持ちで、十三郎たちのほうに、まなざしをむけている。

「願いがある」

と、平八がいった。

吉岡宿を救うためのお上に差し出す嘆願書を、吉岡宿すべての民のまえで、読みきかせてほしい。「お三夜さん」のときでよいから、どうか、そうしてくれという。

お三夜さんは、二十三夜のことで、この日は、宿場の衆は、みな宿場のなかにある吉祥院や八王寺安楽院にあつまり、二十三夜の下弦の月を待ち、日の出まで、夜を徹して祈願のおこもりをする。その場を利用して、願書の内容を知らせてほしいとの願いを伝えにきたらしい。

この時代、政治集会はひらくだけで「一揆」とみなされるおそれがあった。ただ、ひとつ、月を待って、村の衆が、みなで酒をくみかわす、月待ち日待ちの「講」は、夜間集会が公然と許されていた。彼らなりに考えたのであろう。

ちなみに、江戸時代のこの国には、

——読み聞かせの政治文化

というべきものがあった。時代劇でよくみかける高札などは、「法度を守れ、キリシタンを禁ずる。ばくちをするな」などと書いてあるだけであり、日常、時々刻々と、お上から発せられる法令はたいてい立札にはならない。

江戸時代、庶民の識字率は高いといっても、男女の半数以上は字が読めなかった。そこで、法律や政治においては、読み聞かせが大きな意味をもった。江戸のはじめは、とくに、そうであり、庄屋などが村人を一堂にあつめ、法令を読み聞かせることで領主の支配は末端まで届いた。日本の庶民が、官報や新聞などで、つまり文字でもって、法を認識するようになるのは明治も後半以降のことであろう。

ともかくも、政治や法律向きのことは、庄屋や旦那衆が、口頭で読み聞かせてくれるものである、という長い伝統が、この国にはあった。

二十三夜の晩は宿場じゅうが異様な雰囲気につつまれた。いつもの二十三夜とはちがって、縁日の浮かれた雰囲気はなく、真っ暗闇の中を、宿場の人間という人間が、まったく無言でぞろぞろと歩き、寺にあつまってきた。おのれの一大事を聞こうとする群衆の黒いかたまりが、寺の境内に膨れ上がり、やがて、うめつくした。

十三郎は身震いがした。宿場の運命をきめる出来事がまさに、これから行われようとしているのである。張りつめた空気のなか、十三郎たち九人は、ゆっくりと、宿場の衆に願書の文言を読み聞かせはじめた。

　吉岡宿は二百十九軒であったところ、すでに十六軒が潰れてしまったこと。この吉岡宿は貧しい宿場であり、一貫文以上の田畑をもつような者は、わずかに八、九人にすぎないこと。それで、月に六度開く市で小商いをしてようやく糊口をしのいでいるが、その商いも細っていること。これからも、お上の御伝馬役をつとめていくためには工夫がいり、おそれながら一軒前の家に銭六貫文、半軒前の家に銭四貫文、役儀を毎年かんべんしてもらいたいこと。しかし、ただでお上にそうしろというのではなく、来る卯年の殿様の参勤交代までに、銭四千五百貫文、三年後の巳年の殿様の参勤交代までに、銭千五百貫文、あわせて、銭六千貫文を献納するから、それとひきかえに、役儀を免じてもらいたいこと。

噛んで含めるように、説いた。この目論見は、宿場の衆が、一心になっていなければ、成就しないともいった。

一座は、静まり返り、しわぶき一つきこえない。みな、ことの重大さがわかっていた。

読み聞かせの途中、突然、カンカンカンという早鐘の音がきこえてきた。近くの村で火事が起きたようであった。ところが、宿場の衆は、誰一人さわがず、また立ち上がることもなく、粛々として、聞き続けた。

帰り道、読み聞かせを終えた菅原屋が、十三郎のほうをふりかえり、ぽつりといった。

「出火だというのに、一人として立ちあがらなかった。あの、思いつめた一同の顔が忘れられぬ」

迫りくる貧困への恐怖は、彼ら吉岡の衆にとって、火事よりも恐ろしいのだと、十三郎は思った。

藩に願書を出すその日は、吉岡宿にとってまさに命運の決する日なのであろう。吉岡宿三町の民は、みな手をあわせて祈り、十三郎たちのもとに酒三荷をよこし、代官所への門出を見送るといってきかなかった。

「静かに送りだしてもらいたい」

というのが十三郎の本音であったが、そんなことは望むべくもなかった。若い衆などは裾をたくって、仙台までついてきそうな勢いである。総町の住人が、ぞろぞろ付いてきては、お上に強訴《ごうそ》をかまえているように思われかねない。

「見送りは五人組の頭だけにしてくだされ」

と、菅原屋が必死に説得したが、どうにもおさまらない。五人組頭たちは、道中あとをつけてきて、十三郎にむかって両手をあわせ神仏の名をとなえた。念というものが、べったりと、こびりついたような門出であった。

嘆願を取次ぐのは、

——代官所

である。十三郎たちは、吉岡宿を管轄する黒川郡の代官所をめざした。

十三郎たち、この願書をしたためた九人の者たちは大肝煎の千坂仲内でさえも、身分としては「百姓」であり、百姓が藩に何かを申し立てるときには、

——末書《すえがき》

という代官の書き付けをもらわねばならない。

——八島伝之助

というのが、このときの勤番代官であった。

この男は、ふつうの役人であった。役人は、ふつう、この種の異例の訴願をうとむ。十三郎たちがやっとの思いで、代官所にたどりついたときも、

「そのほうども」

と、一同をぞんざいに扱い、願書にざっと目をとおしただけで、無表情にいった。

「この一件は、同役の橋本権右衛門《ごんえもん》殿に相談せよ。まずは、さしおくから、橋本殿に差し出せ」

つまるところ、こんな願書は自分は受け取りたくない、同役にまわせ、というのである。露骨な責任回避であった。菅原屋の顔がむっとしたのがみえた。海のものとも、山のものともつかぬ先例のない願書をうけとって、藩の上司に取り次ぐのは、事なかれ主義の、役人にしてみれば、迷惑な話なのであろう。かといって、大肝煎まで連署しているこの願書は門前払いにもできない。

——同役の橋本に押し付けてしまえばよい

八島はそう考えたらしい。

これが、

——たらいまわし

のはじまりであった。

江戸時代は、かつてないほどに、行政の手続きを、ややこしくした時代であった。人類史上、これほどまで、わざとのように、行政書類を煩雑に処理する社会もめずらしい。

それには、戦いがなくなった時代に、武士が多すぎたことも関係していた。戦国末期、日本という小さな島国における武士（大名家中）の人数は、ふくれあがった。おそらく、秀吉の朝鮮出兵時がピークで、人口が千数百万しかいないところに兵力五十万、家族も入れれば百万を優にこえる巨大な軍団を生み出してしまった。一度、ふやしてしまった武士は簡単には減らせない。江戸時代、平和の世になっても、このふくれあがった、無為徒食する武士人口を、この国は、かかえこむことになった。

武士の世界は、人が余っている。

「相役《あいやく》である」

と、一人でできる役職を二人以上で担当させ、多くの武士を役につけた。また、

「月番《つきばん》である」

と、わざわざ月当番にして仕事を回した。

「そのほうが、権を専らにする者が出でぬ」

そう信じられた。この武士の世界では、誰かが突出して権力をふるうことを極端に嫌った。主君以外の何者かが専権をふるうなど、以ての外であった。だから、個人ではなく、かならず、複数の人間で物事をきめ処理した。

そのため、この武士のつくる「政府」では、小さく、うすい権限をもった人間が、そこら中にいて、誰がきめているのか、よくわからない。わざと、わからないような組織にしていた。だから、行政上のきめごとをしようとすれば、複雑なルートをたどって、あちらこちらを書類がまわり、ものすごい数の武士が判子を押すことになった。結局、誰が決めているのかわからなくなり、たらいまわしもふえた。

余談がすぎた。

「橋本権右衛門に出せ」

というのが、八島代官の命であった。すんなりとはいかぬと、思っていたとはいえ、十三郎たちは落胆した。というのも、このたらい回しは、十三郎たちにとって、あまりにも酷な指示であった。なぜなら、もう一人の代官・橋本権右衛門がいるのは遠くはなれた、

——中新田の代官所

であった。吉岡宿と中新田のあいだは、山坂がけわしい。つねづね、道路が悪く、このところの悪天候で、ところどころ道が切れていた。

（お上というのは、民の大苦となることを、さらりと仰せられる）

悔しかったが、どうしようもない。

藩を相手に交渉するには、村役人が出なくてはいけない。

大肝煎の千坂仲内、肝煎の幾右衛門、そして、菅原屋がこの悪路を馬で行くことになった。十三郎は自分が行くよりも、知恵者の菅原屋が行くほうが、よいと思った。しかし、見送りの朝になって、菅原屋のいでたちをみて、やや心配になった。

菅原屋の馬は、いまにも倒れそうな弱馬で、はたして、これで無事にたどりつけるか不安に思えた。

「菅原屋さんそれで大丈夫か」

そう問いかけたら、馬上の菅原屋がいった。

「たとえ死すとも願書だけは放さぬ」

みれば、菅原屋は願書一巻を首からかけていた。だが、心配は的中した。途中、馬が泥水のたまりに足をとられ、菅原屋は、はげしく落馬し、したたかに体を地面にうちつけた。千坂仲内があわてて、菅原屋を抱きおこした。

「しまった。願書が泥まみれになったであろう」

そういって、菅原屋の首にあった願書の包みの汚れをはらって、たしかめてみると、まったく無事で、菅原屋も、さして衣類も汚さず、両足で立てた。

「さすがに、願書には、熊野牛王様の印がおしてあるだけのことはある」

だれとなく、そういうと、路傍のたまり水で、手を清め、三人とも

ども に、天を拝した。菅原屋たち三人は、何度も、まろびつつ、そのたびに神仏に手をあわせながら、みちのくの森のなかを進んだのであろう。驚くほどの純真が彼らのなかにあったとしかいいようがない。

そして、三人は、とうとう、中新田の代官所にたどりついた。

（ここで、門前払いを喰わされれば、すべてが終わり）

と三人は観念した。

しかし代官の橋本権右衛門は、すぐに出てきて、三人を引見すると、願書に目をこらした。菅原屋は平伏しこぶしをふるわせながら、心中、祈り続けた。

「おもてをあげられよ」

という声がし、三人は一斉に顔をあげた。代官はあきれたようにいった。

「さてさて、これは、古今きいたことがない願書じゃ」

瞬時に、

――これは駄目だ
三人はそう思ったという。奈落の底に突き落とされる気がした。前例のない願書に、代官様はあきれている。ところが、次に、代官の橋本が放った言葉は、彼らには信じられないものであった。

「これは、わたくしが、上へかならず、よろしく取りはからってもらえるよう申し上げる」

えっ、と、思った。声にならない感情が、むねの奥から、こみあげてきた。さらに、代官のあたたかい言葉がつづいた。代官の橋本は、ほがらかに笑っていた、それは、心の底から、気持ちが晴れ晴れとしたときに、人がみせる、真のほほ笑みであった。

あろうことか、この代官は、「今宵は、四人で一緒にのもう」とまでいった。うそではなかった。質素ではあったが、酒に、吸い物がだされ、橋本代官は、三人の志をほめた。さんざんもてなされたあと、千鳥足で、旅宿にかえってからも、驚かされた。旅宿につくやいなや、ふたたび代官の使いがきた。

「明朝も、料理をくだされる」

という。三人は、酔いがさめるほどに驚き、恐縮した。百姓を相手にこのような応対をした代官の話をきいたことがなかった。三人はかえって恐ろしくなった。

「われわれは百姓でございます。どうか、そのところを、おくみ取りになって、ご容赦を」

と、平身低頭した。ところが、橋本代官の使いは、いった。

「いや。お代官は、こう仰せじゃ。百姓の為をおもっての三人の言上にふれて、喜びのあまり、こういっているのだ。そこのところを斟酌して遠慮なくきてほしい」

それで、三人は、おずおずと代官所に出頭し、朝食をふるまわれ、その場で、きっちりとしたためられた「末書」をみせられた。

これが菅原屋たちが帰ってきてから、十三郎にした土産話である。

橋本代官は「末書」を出してくれた。代官の口添え書といっていいものであり、これさえあれば、郡奉行、さらには、もっと上の出入司にまで書類は通る。

「同役の八島殿にも、わしのほうから、きちんと伝えておく。わるいようにはせぬ」

とまで、橋本代官はいったという。事実、そのあと、もう一人の八島代官の態度は、手のひらをかえしたように変わった。

ふたたび、三人が、八島代官のもとをおとずれると、

「話は、橋本殿からきいておる。よろこばしいことじゃ。そのほうどもの願書は比類なきもので、さだめて、お上にも前代未聞のことであろう」

とまでいい、願書を、高々と、頭上にさしあげ、有難そうにひらいて

みせたのである。

（つまらぬ役人はなに一つ新しいことをしようとせぬ。傍輩の尻馬に乗るだけじゃ）

菅原屋がいっていたのを思い出し、十三郎は、つくづくその通りだと思った。しかし、もはや代官のほうで好感をもってうけとめられ、事が動き出した以上、大願成就は近いようにも思われた。吉岡宿は救われる。十三郎はそれが何よりうれしかった。


ところが、である。役人は、甘くなかった。

その知らせは突然にきた。それは七草粥をすすった翌日、正月八日のことであった。

「急ぎこられたし」

大肝煎の千坂のところから、菅原屋に使いがきた。菅原屋は「きたな」と、直感した。仙台藩に願書を出したのは十一月末のことで、かれこれ、ひと月半もどかしい日々をすごしていたが、くるものがきたというのが、このときの感触であった。

役所というものは、ありふれた願書の決裁は、はやい。しかし、先例のない願書への回答は絶望的におそい。十三郎たちも、それは、わかっているつもりでいた。しかし、実際に、待つ身になると、

「それでも、年内には返事がこようものを」

と思わざるを得なかった。藩の役所は年末になると急に仕事をする。

それを期待して待ったが、神棚に正月の松飾りをつける頃になっても、

うんともすんとも言って、こなかった。

大名の行政処理は、元禄ごろまで、これほど遅くはなかった。十七世紀までは、日本の「大名家中」は戦国の戦闘集団のにおいを失っておらず、動きは機敏であった。役所の手続きも、複雑化しておらず、法度よりも人の裁量ですばやく動いていた。が、泰平の世になるにつれ、それがかわった。藩の行政機構は、人数だけが肥大化し、悪くいえば、空虚な伝言ごっこのごとくになった。

「お上が年末にお裁きを下されても、そのお達しは、出入司、郡奉行、代官、大肝煎と順々におろす。お達しが届くのは、年明けか」

ちょうど、そう思い直していたところだったから、この突然の知らせが何を意味しているかは、すぐに察せられた。

大肝煎・千坂家の屋敷は吉岡宿の真ん中からすこし離れているが、そう遠くはない。屋敷構えは大きくて立派だが、藩が長押《なげし》をつけたり、天井をはったりするのを禁じているため、武家屋敷のような趣はまったくない。仙台藩は百姓の風俗を厳しく統制する藩で、他藩の大庄屋にあたるこの家にさえ天井をはらせていない。ただ、吉岡宿における、この家の格式は高い。なんと、この千坂家の者だけが、

——雨傘

をさすことができた。ほかの者は、

「紙合羽や蓑で、がまんせよ」

ということになっている。それで、千坂家の玄関には、この地方では

めずらしい雨傘が立てかけられている。菅原屋はその脇を案内され奥の間に通された。

上座に、千坂がおり、開口一番、

「気の毒千万なことである」

と、いった。

菅原屋は全身が硬直した。吉岡宿の運命をかけた願いは、お上に認められなかった、ということであろうか。悪い夢でも見ているのではないかと思えてきたが、千坂の言葉は耳底にはっきりきこえてくる。

「嘆願書は、郡奉行今泉七三郎様のところへ、付書がついて、返されてきてしもうた。みなで辛苦して出したのに。すこしも験《げん》なく、突き返されたは、残念。しかし、このような大願は、一度や二度、申し上げたとて、お上がお聞き届けになるはずもないことじゃ。気落ちせぬように」

「はっきりおききします。嘆願書は返されてきたのですか」

千坂はゆっくりとうなずいた。ひどい話であった。十三郎・菅原屋たち吉岡の人々の嘆願書は、役所のなかを、さんざん、たらいまわしにされた挙句、返されてきた。

「やはりお上に無理を願ったかの」

すでに千坂は腰が引けはじめている。菅原屋は、その気配をかぎとった。

（このままにはできない）

と、思った。必死に食い下がった。

「千坂様。まずは、お上からの返書をみせていただかなければ、はじまりません。はばかりながら、お見せ願えますまいか」

千坂の手で、お上からの付書がひろげられた。菅原屋は、それを凝視した。

――吟味なされがたく候

とだけ、書いてあった。つまり、「吟味しにくい」ということである。願書は、出入司に達したが「吟味しにくい」、ただそれだけの文字が添えられて、返されてきたのである。信じられぬほど冷淡な返答であった。

「右の趣をもって、首尾あるべく候」

と、結んでいる。「これにておしまい」ということであろう。理由もなにもない。白紙同然の回答であった。これほど、人を馬鹿にした対応もない。このことは記録しておくべきであろう。藩は吟味できぬ、と伝えるためだけに吉岡の人々を二ヶ月待たせた。

江戸時代の政治の最大の欠点は、ヨーロッパにみられた身分制議会のようなものがなく、民からの請願をすばやく受け取って、それを行政に反映させる仕組みが弱かったことである。主君への忠義、上への責任で動く官僚制の仕組みは見事であったけれども、下からの請願を政治に吸い上げることには不得手であった。八代将軍吉宗の目安箱の制度が、時代が下るにつれ、形ばかりのものとなり、その後の歴代将軍はさして興味をしめしていないことをみてもそれはわかる。目安箱は諸藩にもあったが、役人の不正を密告するのが主で、行政的陳情のたしかな窓口にはなっていなかった。

ちなみに、下からの陳情を恒常的に行政に反映させ、富国強兵をはかる近代的制度は、この時代、ようやく熊本藩などが試みはじめているにすぎなかった。あるいは、吉岡宿が、九州かどこかの、のち幕末に雄藩化するような藩の宿場町であったなら、これほど、ひどい扱いは、うけなかったかもしれない。

しかし、吉岡宿は、まぎれもなく、仙台藩領であった。この藩は、吉岡宿の人々の願いにたいして、一顧だにすることなく、突き返した。にもかかわらず、この回答に接したときの、菅原屋の反応は、驚くべきものであった。菅原屋はこの返書を拝み見て、ただ、つくづくと考え、

「なんのわけもなく、返されたのは、われわれ願主の心底を、とくと見極めようというお上の思し召しでは、あるまいか」

と、いったのである。

――お上に、恨みがましい思いを抱かない。

この点、江戸期の民衆は、まことに純真であった。菅原屋ほどの怜悧な頭脳をもってしても、この質朴さでもって、領主と向き合っていたといっていい。

菅原屋の言葉に、千坂はいささか意外な顔をした。

「なるほど、そうかもしれぬが、われわれは殿様にご苦労な願いを出してしまったのではないか」

殿様も財政難で大変である。そんなときに、吉岡の民が手前勝手な願い出をしたため、不吟味の筋として、願書が返されてきてしまったのではないか、というのである。たしかに、萱原屋たちが願い出た吉岡宿の救済事業は、お上（殿様）が資金を回して利足をかせがねばならぬ仕組みになっている。殿様から傘をさすことを許されている大肝煎の千坂には、やはり殿様への忠義心がある。

「殿様のご苦労にならぬよう、工夫できぬか。われらが中心になって資金をまわし、その利足を町中に配分しては、どうか」

と、千坂はいった。もう、このような願書を出すのはやめたい、との本音がすけてみえた。

萱原屋が激昂したのは、このときであった。

「なんと、千坂様は、この願書を打ち捨てよ、といわれるか。われわれの手で資金が回せるのであれば、はじめから、お上にご苦労を願うことなどない」

と、目をむいて、真っ向から反駁した。

なるほど、千坂様やわれわれの目の黒いうちは、まともな運用ができるかもしれない。しかし、一代がたち、二代がたてば、もう親の苦労は忘れて、本金（資金）を失い、一文無しになるのは、目にみえている。さほどの産業もない領内で、資金をまわすのは並大抵のことではない。藩が運用する「小萱金《ごがやきん》」さえも、不景気で回りかねていると、きく。殿様の絶大な信用をもってしても難しいものを、庶民にできるはずがない、という意見であった。たしかに、そうであろう。

「こたびの吉岡宿救済の願書は、お上の御為《おんため》にもなることです」

菅原屋は、きっぱりといった。このままでは、宿場の家数は減ってしまう。人も馬もいなくなれば、お上の伝馬役をつとめるのが難しくなる。吉岡宿が助かってこそ、お上は年貢もとれるし、役儀も申し付けられる。千両などという巨額の金を差し上げなくても、藩が宿駅を援助した例《ためし》はいくらもある。手をかえ、品をかえして、何度も願い出れば、藩も、そこのところがわかってくるはずである。大肝煎たる千坂が、民のその願いを助けずして、どうする。菅原屋はそういった。

正論であった。

「しかし、わしにも、立場というものがある」

こうまで説明しても、千坂は、そういいたげであった。

菅原屋は、腹の底から怒りがこみあげてきた。

大肝煎のことを朝夕、尊敬してきたが、それも今日までだ、とこのとき菅原屋は思ったという。傘がさせる、絹や紬《つむぎ》の着物が着られる、そんな、ほんのわずかな栄誉を与えられただけで、ひたすら、お上のほうに尻尾をふり、民の苦難に向き合おうとしない。人格者として知られる千坂でさえ、そうである。これが人間の性《さが》か、と思うと、悲しくなってきた。

しかも、お上はそういう人間の性につけこんで、苗字だの帯刀だのを村役人に、投げあたえ、自分のほうを向くように手なずけている。庶民のほうも、それに気付かず、苗字帯刀をゆるされ、自分たちがさせない傘がさせる家柄の人という、ただ、それだけのことで崇めている。ほんとうに偉いのは、苗字なく、刀なくとも、民のほうをむいて奔走する村役人であろうに、みなが、このからくりには気が付くことはない。気づかぬ以上、この腐りきった世の中が変わることはない。そう思うと、むしょうに腹が立ってきた。東北の山中の一商人に時代を超越した思想が芽生えた瞬間であった。この一市井人は、権威や政治の意味を悟ったのかもしれなかった。

「千坂様は、どちらのほうを向いて、お仕事をなさるおつもりか」

菅原屋は千坂を問いつめた。もはや、大肝煎の権威など、どうでもよくなってきた。目の前にいるこの男を改心させたい。その一心で、懸命に、説き続けた。

千坂が藩の公職にある以上、お上の視点で考えるのは、いくぶん、やむをえない。しかし、千坂は同時に、吉岡宿の御百姓の一人でもある。

「少しは、民のことを考えてくださらぬか」

そう迫った。

江戸時代の民政は複雑である。藩はもともと軍事集団であったから、きめこまかな民政は得意ではなかった。そこで、村請《むらうけ》といって、民政を町村とその有力者に丸投げした。町人百姓のなかから有力な者をえらんで、庄屋（肝煎）・大庄屋（大肝煎）などの公職につけ、村の自治を前提に民政をおこなった。したがって、千坂家のような大肝煎であっても、その身分はあくまでも百姓であり、百姓が藩の公職を請け負っているにすぎなかった。ところが、大肝煎などの職は、たいてい世襲された。江戸時代も中期以降になると、大肝煎などは次第に藩の官僚といった色彩をおびてきて、本人たちも、そのような意識で暮しはじめた。

千坂家もまさにそうで、心は藩の殿様のほうに移りつつあった。そこに問題が生じる。菅原屋は、百年かかって武士の仲間になってしまった千坂家を、ふたたび、百姓のほうに、ひきもどそうとする弁舌の闘いをしかけているといってよかった。

「浅野屋は、亡父の代から、銭を一文ずつためて、この嘆願に賭けている。女中まで、そうしている」

と、菅原屋は、千坂をにらみつけた。浅野屋では、吉岡宿の行く末のため、といえば、女子供も、一言も文句をいわず、爪に火をともすような暮らしを何十年も続け、毎日、銭を甕《かめ》にため、この願いにのぞんでいる。

「貴台はそれをみて、なにも感じないのか」

とまでいった。菅原屋は次第に涙声となり、眼球を真っ赤にし、こぶしをにぎりしめて体軀をふるわせはじめた。涙をながし、千坂をまえにして、至誠といっていい全身から声が嗄れ果てるまで、叫びつづけた。

――拳を握り、涙を流し、世の中をかこち、暁に及びと、『国恩記』は記録している。菅原屋は驚くほどに豹変し、暁に至るまで、延々と世の中の不条理さを千坂に訴え続けた。それは、おそろしく長い時間であったという。とうとう、一番鶏が鳴いた。

千坂が根負けし、「わかった」といった。

千坂は楽観論を述べた。願書が理由もなく、返されてきたのは、不幸中の幸いかもしれない。お上は、まだ、こうだから駄目だ、と、はっきり、いってきておらず、それゆえに、まだ嘆願の筋が聞き入れられる見込みはある。やってみよう、というのである。菅原屋の粘り勝ちであった。

早速、善後策が練られた。再度、嘆願書を提出するのは、当然であるが、それまで、どうするかが問題になった。

「やはり、ほかの七人の仲間には伝えぬほうがよかろう」

という結論になった。

嘆願書が却下されたことがわかれば、仲間うちから脱落者が出るかもしれない。仲間が一人でも欠ければ、千両の資金がととのわなくなるおそれがあった。それだけではない。思いつめた者が、仙台に飛び出し、殿様の行列にむかって、

――駕籠訴《かごそ》

に及ぶかもしれなかった。駕籠訴は御法度である。そうなれば、吉岡宿から死人が出て、そのうえ嘆願の筋も、未来永劫、取り合ってもらえなくなる可能性がある。この段階で、みなに打ち明けるのは危険すぎた。

「再度、嘆願するにしても、少しは時をおいてからにせねばなるまい」

と、千坂はいった。

「いかほど時をおけばよい」

「左様、半年ばかりも、明ければ、お上に対して無礼ということにはなるまい」

「半年……」

菅原屋の口から、ため息がついて出た。そのあいだ、ずっと、このことを仲間に隠しておかねばならない。それは、命がけで事に臨んでいる仲間への裏切りになりはしないか。菅原屋は胸が痛んだ。

「貴殿の顔が真っ先にうかんだ」

十三郎はのちに菅原屋から、そう、うちあけられたのだが、このとき は、十三郎にも、ほかの仲間にも、千坂と菅原屋の二人は、嘆願が退けられたことを黙っていたのである。

しかし、藩に嘆願書が却下されてしまったという事実は、やはり、いつまでも秘密にしてはおけなかった。

「お上の返答が、あまりにおそい」

焦った仲間の一人が、四月になって、役所に問い合わせ、すでに嘆願が却下されていることが明るみにでた。十三郎もほかの六人の仲間とともに、千坂家におしかけた。

「なぜ、却下されたと知らせてくれなかったのですか。あまりに、心底が奥ゆかしすぎませぬか」

と、十三郎がいった。

「水くさいでは、ないか」

と、どなりそうなところを「心が奥ゆかしすぎる」とやんわり抗議するあたり、十三郎は、やはり人がよかったのかもしれない。

「秘策がある。どうか、われわれ二人に任せてほしい」

しかし、千坂と菅原屋は、その一点張りであった。このことが町中に知れて、若者が無謀な直訴をくわだてたら、元も子もない。とにかく、われわれ二人で善処する。しばらく待ってほしい、というのである。

「秘策とはなにか」

と、たたみかけるものもあった。このままでは、仲間割れ同然ののしりあいになる。十三郎はまずいと思った。それで、とっさにいった。

「大肝煎さまと菅原屋が、そうおっしゃるなら。われらは、それを信じて待とう」

　この十三郎のひとことで、ほかの仲間も、目がさめたかのように、静かになった。元来、東北の農民には、上の者が決めたことに黙々と従う風がある。列島のなかで、この文化を共有しているのは、薩摩や肥後など南九州であろう。東北農村には上位者に対するある種の従順さがあり、頭領に一族郎党がしたがう。これは商業を発達させた畿内近国の農村にはみられない風で、この古めかしい質朴さがある。千坂と菅原屋はこれに助けられたといっていい。

「秘策がある」とはいったものの、菅原屋も千坂も、弱った。どうすれば、藩の決定をくつがえし、吉岡宿救済の願いを、藩にのませることができるのか。

「やはり、橋本さまを頼るしかあるまい」

菅原屋が、つぶやいた。一回目の嘆願のとき、自分たちの味方になってくれたのは、代官・橋本権右衛門である。橋本代官のもとを、ふたたび訪れ、今回の嘆願が却下された裏事情を聞き出し、それを知ったうえで、策を練り直し、ふたたび嘆願書を藩に提出する。それが、菅原屋の出した答えであった。

だが、橋本代官に会えるのは、千坂しかいない。菅原屋は、身分でいえば、ただの「百姓菅原屋」にすぎず、公式には苗字も名乗れない。江戸社会において、苗字や帯刀は、ある程度、

「参政権」の有無を表示していた。その意味では、大肝煎で苗字をもつ千坂だけが、藩の代官と直接交渉できる資格を有している。

「政事とは苗字のついた武士のするものである」

という考えが、江戸期のこの国には厳然とあり、自分の暮らしが脅かされたときのみ、庶民は政治に異議申し立てを許される。その異議申し立ても、庄屋↓大庄屋↓藩というように、苗字のついた村役人を通じて手順を踏んで行わねばならぬ、というのが、きまりであった。

ゆえに、相手を説きふせる弁舌力でいえば、菅原屋が行くのがよかったが、平百姓の菅原屋が、千坂を飛び越して代官に陳情にいくわけにはいかない。いけば「越訴」となり、不法行為とみなされるおそれがあった。

やむなく、千坂が、橋本代官のもとにむかった。千坂は、梅雨でぬかるむ山坂の悪路に馬の足をとられながら、やっとの思いで代官所にたどりつくと、代官の橋本に必死で訴えた。

「あまりに、吉岡の民が哀れでは、ございませぬか」

千坂たちにとって幸運であったのは、藩権力の手先であるはずのこの代官が、聞く耳をもっていたことである。千坂の悲痛の訴えにこの代官はなんともいえぬ情のこもった目で、こたえた。代官は、農政の現場にもっとも近い。農民の苦境をよく見知っていたからかもしれないが、なぜ、この男が、これほどまでに吉岡の民に同情をよせたのかは、わからない。無名に死んだこの代官について、今日、何ほどの記録も残っていない。

　ともかくも、千坂は、この男にすがるしかないと感じた。そう思うと、千坂のなかに激しい感情がわいてきて、口から、あの夜、菅原屋が泣きながら語った言葉が、まるで口うつしされたかのように、奔流のごとく、ほとばしり出てきた。

「もう何年もまえのことになりますが、吉岡宿に、甚内という男がおりました。この男が、ひとつの夢を抱いたのです。そして、こんなことをはじめました。毎日毎日、自分の食べる物を削って、その分、一枚、二枚と銭を壺のなかにたくわえはじめたのです。なぜ、そんなことをはじめたのか。はじめは誰もわかりませんでした。小銭をためるケチな奴と馬鹿にする者もおりました。ところが、甚内が、死の床につくに及んで、その謎が解けたのです。死にのぞんで、甚内は、息子の手を握り、こういったのです。実は、わしには夢があった。銭を積み立ててお上に献上し、そのかわり、未来永劫、吉岡宿を御伝馬の苦役から救って下され、と願い出ることだ。だが、わしの代では、成し遂げられなかった。どうか、おまえが、この願いを引き継いでくれないか、そういって、息を引き取りました。息子は父の名・甚内をそのまま名乗り、また、こつこつと銭をためはじめました。毎日、毎日、何十年もです。しかし、お上に嘆願するといっても、なんの手づるもありません。誰にもいわず、ただ銭をためつづけていたのです。甚内の覚悟は悲壮なものでした。『吉岡宿の貧苦を、わが一身にうける』とひそかに家内で申し合わせていたそうです。ふつうなら、家族一類が反対しそうなものですが、女たちまでが、銭を積みはじめました。そして、このことは、すこしずつ宿場の者たちの知るところとなりました。みな、感極まりました。それで自分も金を出すというものが、一人ふえ、二人ふえて、ようやく願い出たのが、さきの嘆願書でした。ところが、お上は、それをお返しになった。しかも、ひとことの理由もなく……。わたしは、ほんとうに悔しい。無念で、無念で、仕方がありません」

もともと千坂は無口な男であった。その千坂がのどの奥から血声をしぼり出すように、とつとつと、語った。語るにつれ、橋本代官の顔色が変じた。そして、突如、こんなことを千坂にきいてきた。

「千坂。ちょっと待て。それでは、この一件は、そのほうらが、こたび始めて思い立った話ではない、というのか」

「はい。左様でございますが、なにか……」

「肝心なことゆえ、もう一度きく。吉岡の宿では、前々より、このような訴願を心がけておったということじゃな」

「はい。甚内と申すものが、以前より、心がけていたことに相違ございませぬ」

「なんということか……」

このとき、代官の橋本は、天を仰ぎ、ため息をつきながら、こういった、と、伝わっている。

「それほどまでに深切《しんせつ》の儀であったか」

深切というのは、深く痛切な想いというほどの意味である。吉岡宿の真実は、橋本の心を突き動かしていた。そして、驚くべきことが起きた。代官の橋本がこう言ったのである。

「このことは放っておけない。わしは、これから仙台にゆく。いって、まずは郡奉行の今泉殿に事情を話す」


ありえないことであった。橋本は仙台藩の代官である。藩内ではもっとも立場が弱い。その小役人が、いったん、藩の重役がきめたことを、くつがえすために、仙台までゆくという。千坂は、信じられなかった。一瞬、このお代官さまは狂ったのではないか、とさえ思った。

だが、眼前の、代官は真顔である。

「そのほうらの嘆願書が返されたのには裏がある」

といった。実は、橋本は、すでに手をまわし、仙台で嘆願書が却下された経緯を調べていた。その結果、とんでもないことがわかった。藩の上層部は吉岡宿の嘆願書を一瞥するや、こう吐き捨てたのだという。

「この、ご時世をいいことに、宿場町内の恵みのためとか、勝手なことを申し立てよって」

それで、嘆願書は即座に却下されていたのである。

橋本によれば、藩の財政は火の車であり、参勤交代の時期には、のどから手が出るほど、金が欲しい。そこへ、吉岡宿から嘆願書がきた。みれば「大金を献上するから、そのかわり永久に、その利子をくれ」と書いてあった。

――吉岡の連中は金に詰ったお上の足もとをみて高利貸しをはじめよ

うとしている。けしからぬ。

「お上は、そうとらえてしまったのだ」

と、橋本は説明した。

「その誤解を解かねばならぬ。自分は仙台にいく」

ともいった。きけば、吉岡の民は藩の足元をみて、つけこんだのではない。甚内という一人の男が長年あたためてきたせつない願いを思いあまって、申し出たにすぎぬ。それを知って、橋本代官は、吉岡の民に味方したのである。

このような代官がいたことは、ほとんど奇跡に近い。この男は、古めかしい六十二万石の大藩をつかまえて、これをひきずり、近代の福祉国家のごとき、ふるまいをさせようとした。

千坂自身も仙台藩の郡方支配の末端にいるから、こんなことをするのが、どれほど恐ろしいことかは十分にわかっている。自分には、到底、できないと感じた。

家のなかで、ふつうに、家族や友として、気の優しい人間であることは、たやすい。家庭で好人物な役人などいくらでもいる。しかし、いったん役所にはいると、自分の立場を守るために、本音では別のことを思っていても、建前で生きることに慣れてしまう。組織人となったとき、上司や大勢に逆らって、自分の家族や友に接するがごとき立場で、言を発することは難しい。事実、千坂はそんな代官や郡奉行ばかりをみてきた。ところが、目の前にいる橋本代官は、それをやろう、と、してくれている。自分が、吉岡の民であったなら、という気持ちになって、動いてくれる代官など、これまでみたことがなかった。
希望というものが、あるとすれば、このような人の心の連鎖に、かすかに宿っているのではないか。実際、将棋倒しのように甚内の心が萱原屋を動かし、萱原屋が自分を動かし、自分の言葉が代官の心を動かした。不思議なものだ。千坂は、そう思わざるをえなかった。

橋本代官は、その言葉通り、仙台にいった。直属の上司である郡奉行・今泉七三郎に話を通したあと、まっすぐに、仙台藩の財政の実権を握るある大物のもとに向かった。
――出入司・萱場杢《かやばもく》
というのが、その大物の名である。その男に異例の面会をもとめた。

蛮勇としか、いいようのない行為である。
仙台藩の行政のトップは「奉行衆」であり、出入司はその下で財政を司るナンバー2であるが、実権は出入司の萱場が握っている。彼が強いのには理由があった。仙台藩には、
――三両の掟
というものがある。この藩では面白いことに、財政担当の出入司だけが独断で藩士に褒美を与えることができた。ただし、その額は三両まで、と決まっている（萱場杢『古伝密要』）。一方、他藩でいえば、仕置家老にあたる奉行衆は、一銭たりとも褒美をあたえられない。与えるには藩主の許しが要る。しかも、出入司の詰め所は、藩主の御座所のすぐ脇におかれていた。財政の権を握り、賞与を行い、政治にもあ

ずかる。出入司の権力は絶大であった。

あろうことか、橋本は、この実力者に直談判にいった。

これをきっかけとして、いったんは却下された吉岡宿の救済計画が、ふたたび急展開しはじめた。

――萱場杢

橋本権右衛門は、この男のことをよく知っている。ただ、おなじ仙台藩の勘定畑とはいえ、出入司の萱場と一介の代官である橋本では立場がちがいすぎた。

萱場は、勘定方の花形であり橋本は地廻りの小吏にすぎない。

「杢殿は百年に一度の能吏」

と、藩内ではいわれている。

百年に一度というのには説明が要る。百年ちょっと前に、

――鴇田《ときた》駿河
という計数にあかるい巧者がこの藩におり、天才的手腕で財政を切りまわし、伊達政宗の子、忠宗をおおいにたすけた。萱場はこの鴇田以来の能吏だとの評判をとっている。

鴇田は剛腹な男であったらしい。あるとき、藩主・忠宗が「後進に財政の極意を伝授せよ」と命じた。しかし、なかなか教えるそぶりを見せない。忠宗が「なぜ教えぬ」と催促すると、鴇田は「財政の極意は一つのみ。それを伝授するゆえ、殿も家老も皆に聞いてもらいたい」という。忠宗が一同を集めると、鴇田はこう言い放った。

「財政の極意は、ただひとつ、大名の勝手な欲に従わぬことのみ」藩主忠宗の面前である。家老は色を失った。大名には莫大な収入がある。質素にやっておれば財政に苦しむことはない。しかし、大名が「やりたい」ということに黙従すれば、万金を積んでも足りぬ。どんな倹約をしても無駄だ、というのである。

寛永・正保のころまでは、まだ戦国の余風があり、こういう豪気な勘定役がいた。忠宗も、これに怒るどころか、賞美した。この鴇田の剛直でもって、仙台藩は、幕府からの過酷な軍役・お手伝い普請をしのぎ、ついには借金を返しきって、青葉城の蔵に金を貯えるにいたったといわれている。

萱場は、この鴇田駿河に自分をなぞらえようとした。めざといこの男は役所では、権威ある先人への讃辞が、おのれに利をもたらすことを知っていた。「かつて鴇田殿は」という言い回しで、つねに引き合いに出し、その権威に、おのれを重ねた。

萱場は鴇田をたたえたが、そのやり口は真逆であった。上の藩主に、言いにくいことをいって、冗費をおさえるのではなく、下の領民に苦を強いた。

一番まずかったのは、藩主がつまらぬ縁組をしたことである。

「将軍家から正室をむかえる」

伊達家は、あろうことか、将軍の養女を、世子（六代伊達宗村）の正室にむかえた。将軍家から嫁をとれば、幕府のおぼえはめでたくなり、藩主の虚栄心はみたされるが、おそろしく金がかかる。
——御守殿《ごしゅでん》
という巨大な御殿をたて、百二十人にもおよぶ将軍家からの付け人をまるごと召し抱え、さらには藩からも百人ばかりの専用の役人をつけ、総勢二百数十人のお世話係を組織した。そればかりではない。
——年間六千両
という巨額の小遣金を、この女性にあたえて、湯水のごとく、遣わせた。
結果、それまで七万両ほどであった仙台藩の奥向きの出費は、十三万両にはねあがった。かつて仙台藩では十万石をこえる藩主の手元収入（御蔵入）があったが、人口の減少や農地の荒廃で、しだいに七万四五千石ほどになった(『古伝密要』)。一両は約一石に相当する。七万四五千両の収入しかないものが、年々十三万両遣えば、どうなるかは、目に見えている。

「なんとかせよ」

萱場たちは藩上層部から、そういわれて焦った。

「検地をやらせてくれ」

といってみたが、これは却下された。仙台藩は、兵農分離が進んでいない。上級家臣は、地方《じかた》知行といって、ことごとく領内の農村に土着しており、その家臣団は半士半農の状態にある。検地をやれば、上級家臣の家来にも課税がふえる。

「検地は許さぬ」

藩上層部がエゴイズムをむき出しにして反対し、検地はとりやめになった。

それで、仙台藩の財政は悪化の一途をたどった。

そこへきて、あろうことか、藩の米蔵が火事となり、丸焼けになった。

「貞山公（政宗）以来のお家も、これでおしまいか」

勘定畑の藩吏みな天を仰いだ。

ところが、このとき、橋本権右衛門は生涯けっして、忘れられない光景を、目のあたりにした。

一人だけ、気味の悪い陰気な笑みをうかべる男がいたのである。それが、萱場であった。

「機、至れり」

萱場は、そう叫んで、上役を説いてまわり、おわるや、

——隠田の摘発
をはじめた。領内に、怨嗟の声がみちた。が、藩内での評価は上がった。

「米蔵が焼けてかえってよかった」

そういわれるほどの収入源が藩庫に生じたからである。この一件で、萱場の手腕の恐ろしさを同僚たちは思い知り、以来、萱場の地位は不動のものになった。

それだけではない。萱場ほどの経済通は、藩内にいなかった。彼は、

商人よりも「利回り」の意味を知っていた。あるいは、仙台藩ではじめて資本主義の本質を理解した人間といえるかもしれなかった。

(富となるか、貧となるかは、ただ、一つのことで決まる)

と、萱場は思っている。

(利足をとる側にまわるか、取られる側にまわるかだ)


この単純すぎる理屈は、資本主義の世では、あたりまえのことであるが、江戸期の藩官僚は、このことが身にしみてわかっていなかった。どの藩も高利の金を借りて、財政を破たんさせていたのである。

江戸時代は利子の高い社会であり、

——年利は一割

が相場であったから、いったん、利子をとられる側にまわれば、財政は地獄の有様となる。

「借金はしてはならぬ」

萱場は、つねづね、そういった。藩が借金をせぬためには、金を儲けなくてはいけない。金を儲けるには、藩が商社のようになり、なにか産物を売らねばならぬ。

「買米《かいまい》をせよ」

と、萱場はいった。買米というのは、藩が、領内の農民から、米を買いあつめ、江戸や大坂などの大都市で売りさばいて、利ザヤを稼ぐことをいう。

——買米仕法《しほう》

仙台藩では、そうよんでいる。買米仕法は、すでに伊達政宗の時代には、おこなわれていたが、萱場の時代になって、組織的、大々的に、おこなわれるようになった。

「東北に産物あって商品なし」

のちに、そういわれたように、東北は資源はゆたかだが、商品には、とぼしい。仙台藩の場合、袴の布地にする「仙台平《ひら》」が名物だが、藩を富裕にするほどではない。だが、一つだけ、例外があった。

――米
である。仙台平野からは、膨大な米がとれた。これは商品になった。江戸に送れば、いくらでも売れた。

「江戸で喰う米の三分の一は仙台米であろう」

そういわれていた。

萱場は、米に目をつけ、百姓から米を吐き出させようとした。

「百姓に米を喰わさぬ」

藩は倹約令を徹底した。ゆえに、吉岡宿でも、白米を常食とするのは武家だけであり、百姓町人は白米に大根や麦・粟をまぜ、かさを膨らませて食べている。

しかも、萱場は強制的に、百姓から米を買い取ることをした。

そのやり口は功妙であった。まず、百姓が穀物を食べつくし、これから耕作をはじめる春先に、

——御恵金《おめぐみきん》

と称して、無利子で、百姓たちに金を貸す。一見、慈悲にみちた政策

にみえるが、それは見せかけであった。収穫期になって、米がたくさんとれ、米価が安くなったところで、春先に貸した金のぶんだけ、米を現物でもってこい、と命じた。収穫期、しかも産地である。藩は、安値で、おどろくほどたくさんの米が仕入れられた。

萱場は、これを石巻の港から、船に乗せて、江戸に送り、高値で売って利ザヤを稼いだ。

それだけではない。この藩の異常さは、年貢を払ったあと、百姓たちの手元に残った「作徳米」までも、無理やりに買いあつめ、安値で仕入れて、大都市で売り、もうけようとしたことである。主食である米を、これほどまでに、儲けの道具にした藩は他にない。

——米の専売制

仙台藩はいうなれば、これをやった。

「米からでる利益は、ことごとく藩が手中にする」

萱場はそれを考え、実行した。彼は仙台藩をコメ商社にしようとした。東北、とくに六十二万石の中心であったにもかかわらず、仙台藩領がそれにふさわしい発展をみせなかった理由のひとつは、この買米仕法にあったといってよい。

領内の産物を、

——藩が売るか、民が売るか

これは雲泥の差を生む。畿内周辺のごとく、古代以来、経済活動のすすんだ地域では、藩が米の専売制をやることなどできない。そんな儲け話があるならば、民衆がとっくに米を大都市に運んで儲けている。

それで、畿内周辺では、民のなかに産物の富がおちる。が、東北や南九州は、ちがう。江戸や大坂から遠く離れており、民が産物をかついで都会に売りに行きにくい。こういうところでは、藩が産物を買い上げて、都会に売ってしまう。だから、東北と九州では、藩が強い。しかし、民間経済は育たず、弱い。薩摩藩や佐賀藩が幕末に富強であった理由はここにあった。

東北にとって不幸だったのは九州とちがい、主食である米を都会に売るしかなかったことである。しかも、売った利益は民でなく藩が手にする。これでは、仙台藩の民は豊かになりっこなかった。

さらにこれは悲劇を生んだ。萱場たち仙台藩は、飢饉の年であっても、時として、領内から米を買い、江戸に売り、儲けようとした。――飢饉輸出といってよかった。当然、領内に餓死者が出た。地獄絵図というほかない惨状を呈した。

近代的品種改良のない時代、元来、あたたかい国の植物であるコメを東北で栽培するには無理があった。しかも、それを主食とし、藩が専売商品にして、儲けのタネにし、そこから生まれてくる利益を民間におとさない仕組みをつくってしまった。

萱場のやったことは、結局そういうことであった。事実、古代中世には、産金・産馬でその豊かさをうたわれた陸奥の地は、江戸も時代

が下るにつれて、人口が減り、土地の価値が減じ、まったくもって、不当なことに、

「白河以北、一山百文」

と、俗謡されるにいたった。東北は、米でおとしめられたといってよい。

江戸へ米を送らされたこのみちのくの地に、昭和になって、原子力発電所の立地がなされ、東京に産業の主食である電気が送られるようになった。送るものが、米から電気に変わっただけである。結果、放射能がばらまかれ、美しいみちのくの山々の一部が、ほんとうに一山百文になりかねなくなった。いつの時代も、選ばれし者と金をもつ者は強い。そして、弱者の運命を翻弄する。

江戸という時代に、もっとこの地の人々のことを考えた「まつりごと」をする余地がなかったのか。そのことを思わざるをえない。江戸期の藩にあって「能吏」とは萱場のような男のことをさしていた。ほんとうに民の利をはかる者が、能吏といわれる時代がくるならば、それは人類が永々とめざす理想国家の入り口に、ようやく、たどりついたということであるにちがいない。

が、代官・橋本権右衛門は、それとはほど遠い世界に生きている。橋本は萱場に会わねばならなかった。

(ひとすじ縄ではゆかぬ御仁である)

萱場のことを誰もがそう思っている。だが、橋本は臆さなかった。会うなり、こう問いつめた。

「萱場殿。吉岡宿のご処置、いかがかと存ずる」

（なんという奴か）

萱場は、あきれた。この男は、おのれの立場を、つゆほどにも思っていない。出世にひびくとか、上役がこわいとか、生まれつき、そういう感覚が欠如した男であるに違いない。「民が困っている」というただ、それだけのことで、藩政の一大権威者たる自分のところへきて、決裁済みの案件に異を唱えている。狂気の沙汰といってよかった。そもそも、橋本は代官にすぎず、上役の郡奉行をさしおいて、こんなことを言いに来ていること自体、きまりに反していた。

（この男は本物の阿呆ではないか）

と思った。しかし、心中にわいたその侮蔑の情をさとられるほど、萱場はおろかではなかった。

(役人の妙は、私見をあらわさぬ韜晦にある)

萱場はそう信じているようであった。

(こういう男に隠し事は禁物。ありのまま答弁したほうがよい)

彼の老獪な頭脳は、そのような答えをはじきだしたらしく、はっきりとした口調でいった。

「あれはだめだ」

時節につけこみ、徳取勝手《とくとりかつて》に、きこえた。それゆえ、吟味できぬと返したまでだ、といった。参勤交代前に、お上が手元不如意なのをよいことに、領民が藩に高利貸を願い出た。こんなものは許可できない。

それが、萱場のこたえであった。

――徳取勝手
というのは、萱場の口ぐせで、取り得のことであり、利にさとい彼は
この言葉をしばしば使った。お上の金欠につけこみ、自分勝手をいっ
ている。
――吉岡の民は、けしからぬ
というのである。橋本は即座に反論した。
「左様ではござりませぬ」
「どう、違うというのじゃ」
「吉岡は、それがしの役所の受け持ちゆえ、手を回し、折り入って
きいてみれば、左様ではござりませぬ」
貴殿は現場を知らぬ、といいたげであった。橋本は、延々と説いた。

吉岡宿の言い分は、すこぶる、まっとうであり、お上の苦境をねらって、昨日今日、いいだしたものではない。浅野屋甚内というものが生涯をかけて小銭をため、臨終の床で、その銭をお上にさしあげ、吉岡宿を救え、といって死んだのであり、それが、人々の感銘をよび、宿場救済の基金に私費を投じるものが、一人ふえ二人ふえ、八、九人にいたったのだと直言した。浅野屋などは、家内・母・妻子の衣類まで金にかえて、悉皆《しっかい》、献金しようとしていることを、懸命に、説いた。

「萱場殿のご推量とは格別のちがいでござる」

橋本は、最後に、こう付け加えて、その顔をにらみつけた。

沈黙の時がながれた。橋本権右衛門は、これでもかというほどに、萱場杢を直視しつづけた。この数秒の沈黙こそは、吉岡宿の未来のすべてを決める運命の時であった。静寂が破られた瞬間、吉岡の民の死活が決せられる。

――やれやれ

萱場は、あきれたようにいった。ほんとうに「やれやれ」であったと、『国恩記』は精確にその発音を記録している。

「やれやれ、奇特なことよの」

「……」

「そういうことならば、大肝煎と、ひそかに相談してみよ」

あっけなかった。萱場は、あっさりと、再吟味を認めた。

認めねば、さらに、面倒が起きそうな気配がしたからである。いや、それ以上に、金が要った。参勤交代には金がかかる。萱場としては、吉岡宿からの金が、とにかく欲しかった。萱場は吉岡宿の願いをゆるした。ところが、橋本は頑として動かない。岩のように、萱場の前に、たちふさがったままである。

「なんじゃ。まだあるのか」

「ならば、お上のほうで、よきように、お取り計らい願いたい」

橋本は、萱場のあきれ顔に、そう念をおした。

橋本は飛んで帰った。すぐに、大肝煎の千坂仲内に会った。

「はやく、再度、嘆願を出せ」

といい、その文面について、手取り足取り指南しはじめた。代官が役所での評議内容を、百姓に打ち明けるのは、異例中の異例である。藩というものは役所内の情報を、領民に徹底してもらさぬ、ということでできあがっている。その意味でも、この橋本という代官は、奇妙な男であった。

「甚内のことを書き添えねばならぬ」

橋本はいった。

「この嘆願は、にわかに思い立ったものではなく、ずっと以前から、浅野屋の甚内が存命中から考えていたものだ、と書いてくれ。そうすれば、上役の許しが出るやもしれぬ」

と伝えた。千坂には、わけがわからない。

「なぜ、甚内のことを書かねばならぬのですか」

「お上というのはの。一度、下した裁きをくつがえすには、何か新しいわけをこしらえねば、ならぬのじゃ」

「……」

「吉岡宿の連中は、近頃になって嘆願を思いついたのではない。浅野屋甚内という者が、ずっと以前から考えていた。そのことが新たにわかったので、これを許す、というふうにせねばならぬ。実はの。さきの嘆願書を却下したのが、萱場殿ご自身であったゆえ、話がややこしゅうなった」

なるほど、それならば話はわかる。ながく、地方役人とつきあっている千坂には橋本がいわんとしていることがすぐにわかった。

おそらく、出入司の萱場という役人の親玉は、吉岡宿の嘆願の許可を、自分の手柄にすることにしたのであろう。お偉方である萱場様が、あらためて吉岡の民の話をくわしくきいた。そうしたところ、浅野屋甚内という奇特者がいたことがわかった。それに感じ入り、嘆願を許すことにした。そういうふうにもっていくつもりなのであろう。

(あほらしい)

千坂は正直そう思った。萱場が、百姓のことなど、少しも考えてもいないことは、仙台領の村役人ならば、だれもが知っている。

(しらじらしいことよ)

と、思わずにはいられなかった。

が、しかし、嘆願は通るらしい。千坂にとって、このことだけは喜ばしかった。そのほのかな希望を思って、心を静めた。

——銭五千貫文

――献納

千坂はおよそ金千両にあたる銭五千貫文献納の嘆願書を書き上げ、ふたたび藩庁に提出した。

「これでようやく満願成就であろう」

十三郎はほっとした。何より、うれしかった。

（真心というものは通じるものである）

と、つくづく思った。お役人さまのなかにも、橋本代官のような仁者がちゃんとおり、浅野屋のような無私の心は、冷たい切れ者といわれる萱場様さえ感動させるのだ。一粒の種を信じ、はぐくみ続ければ、花は開くものなのだ。天下一面に春が来たような心地がした。

「まだまだ安堵できぬて」

菅原屋などは、つとめて、そういったが、それでも内心の安堵は隠せない。二人は雪どけを待つようなたしかな心持ちで朗報を待った。

ところが、である。十三郎と菅原屋は、突如として、奈落の底に突き落とされた。突き落としたのは、またしても、あの男、萱場であった。事情は、こうだ。

菅原屋のところへ、使いが、血相を変えて、駆け込んできた。

「大変だ。嘆願書に、お付札がついて戻ってきた」

――お付札

は、お上が指示を出すために、下からの願書に貼り付ける紙片である。

「願之通《ねがいのとおり》、相済《あいすみ》」

と書いてあれば、許可されたということであり、

「不相済《あいすまず》」

とあれば、不許可である。

幕藩の政治は、おおく、この付札による指示でおこなわれた。江戸のまつりごとは「付札政治」といってよかった。

——書いては糊で貼る
というのが、江戸期の決裁の姿であり、家老などの為政者は、糊と小刀を常に座右に置いて政務に臨んだ。官僚制の発達から、すでに行政上の指示は口頭ではなくなっており、必ず証拠文書（付札）で通達されたが、この付札が、

——小さな紙片であるのがミソであった。この付札政治は、小紙片で指示するため、なぜそのような指示をするのか、決定の理由が説明されることがない。いや、むしろ話は逆で、この国のこの時代の政治がほとんど説明責任を求められないために、このような行政文書の形式がとられていた。過去に、説明責任をともなう政治文化をもっているか、どうかは、その国の政治のありようを、のちのちまで規定する。その意味でいえば、この付札ほど、当時の日本政治のありようを象徴しているものはない。

とにかく、吉岡宿には嘆願書がもどってきた。大肝煎・千坂の奥座敷で、それをみた十三郎と菅原屋は、絶句した。「不相済」と書かれていなかったのが、不幸中の幸いであったが、これではどうにもならない。

「銭にて、さし上げ候ては、お取扱い、お六《む》ヶ《つか》敷《しく》候あいだ、金に直し、千両の高に、さし上げ候よう、仰せ渡され候」

冷たい筆跡でそう書いてあった。

「やられた」

菅原屋は心の中で叫んだ。

菅原屋たちは、金千両を寛永通宝千貫文で納めると嘆願書に書いた。貧しい吉岡宿には金の小判などなかったからである。小判は、大名か大商人《おおあきんど》のものであり、両替屋にでも行かぬかぎり、庶民は滅多に目にするものではない。通り相場でいえば、金千両は、寛永通宝にして五百万枚（五千貫文）にあたる。そこで菅原屋たちは、五千貫文を藩に納めることにした。

ところが、萱場は、その隙を突いてきた。仙台藩はいま銭を鋳造しはじめている。銭を増やせば、銭の価値は下がる。金千両＝銭五百万枚であった銭相場が、いまでは金千両＝五百八十万枚ぐらいになっている。萱場は、ここに着目し、吉岡の民から、さらに銭をむしり取る策を思いついたらしい。

「お上は、銭のようなものは扱えぬ。金の小判に直し、千両を献上せよ」

そういえば、吉岡の民は必死になって銭を工面し、五百万枚に、さらに八十万枚を上乗せした銭を献上してくる。カミソリの如き藩官僚の頭脳が、藁にもすがる思いの百姓の心理を計算し尽くし、利用し尽くすことを考えたにちがいない。菅原屋はそう確信した。権力者の狡猾に対して、自分が、あまりにも無邪気であったことが、情けなく、そして、口惜しかった。

貧しい吉岡の人々にとって、五百万枚の銭というのは天文学的な数字であった。それを、かきあつめるため、浅野屋の甚内も、十三郎も、菅原屋も、みな死ぬ思いをしてきた。ようやく願いがかなったと思ったとたん、それが逃げ水のように逃げた。ようするに、藩は「もう八十万枚、銭を出せ。そうすれば、かなえてやる」といってきた。

菅原屋は唇をかみしめた。十三郎と千坂は、呆然と、付札をみつめている。

（お上が、ここまで、汚いことをするとは……）

このとき、誰もが発したかった一言である。いや、汚いというより、

――はしたない

と、いったほうがよかろう。仙台藩は、なりふりかまわぬ守銭奴と化しているのである。

事実、そうであった。萱場は、再提出されてきた吉岡宿の嘆願書のなかに、

「五千貫文の高に献納代つかまつり」

と書かれている箇所をみつけ、眉を、ぴくりと動かした。

「これはもっと取れる」

と直感したのである。嘆願書をみた瞬間に、銭相場を使ったこの狡猾な手を思いつくあたり、やはり、この男の頭脳は尋常でない。吉岡宿の民にとって、この嘆願書は命の綱といってよい。その命綱がつながるかつながらないか、というときに、あと八百貫文だせば、その命綱をつなげてやる、といえば、吉岡の連中は金を出さぬはずがない。

世間では、おぼれる者は藁をもつかむ、というが、それは凡庸な人間のいうことである。おぼれる者に藁をつかませるには、水に誘いこんで、おぼれさせなければならない。自分のように智慧のあるものだけが、それができるのだ。萱場は、そう思っている。

そこで、萱場は代官の橋本をよび、

「この嘆願書には、五千貫文献納とあるが、この箇所を、金千両差上げと書き直させよ」

と命じた。にわかにいわれ、橋本には、その意味がわからなかった。

(吉岡からの金は、お上への、預け金ではなく、差上金である)

それをはっきりさせるための指示だと思った。まさかこれで銭八十万枚も献金額が変る話だとは気がつかなかったのだ。だから、橋本はとくに反論もしなかった。

(この程度の男では、やはり気づかぬか)

ただ、きまじめにまっすぐ、こちらをみている橋本に、萱場は侮蔑の笑みをうかべた。

古来、心ある者には才知がなく、才知ある者には心がない、といわれる。心あって才知なき橋本は、才知あって心なき萱場に見事にしてやられたといってよい。

さて、どうするか、である。菅原屋は、考えてみたが、どんなに思案しても、打つ手がなかった。萱場の仕掛けた罠にはまって、また金をむしり取られる道に、すすんでいくより外に仕方がなさそうであった。

「いかがする」

十三郎も、こればかりはどうしようもない。

「とりあえず、仲間に、このことを話さねばなるまい」

「まずは浅野屋さんに」

そういう相談になって、二人は千坂の屋敷をでた。浅野屋にむかう二人の足取りは重かった。

浅野屋は、仲間うちでも一番多い、千五百貫文を出している。そのため身代が潰れそうになっており、吉岡中の同情をあつめている。この計画自体、もともと浅野屋の先代、甚内がはじめたものである。あと一歩のところで頓挫したときけば、浅野屋はさぞかし悲しむにちがいない。

しかし、言わぬわけにはいかなかった。浅野屋につくと、甚内が出てきた。

「というわけで、お上は、千両高で差上げねば、吟味すらせぬ、と、いいだしたのじゃ」

「どうしたらよいか、皆目わからぬ」

「それで、浅野屋さんのお考えを聞きにきた」

菅原屋と十三郎が、口々にいうのを、甚内は黙ってきいている。さほど悲嘆にくれる様子がない。それが二人には意外であった。

「さて、千両の高には、いくら銭が足りぬのじゃ」

甚内は、ただ、それだけをいった。こういう計算は、菅原屋がはやい。たちどころに、胸算用して説明した。

「当相場は金一歩につき一貫四百五十文がえ。すなわち一両が五貫八百文。千両だと五千八百貫文。つまるところ、八百貫文足りなくなった」

「ほう」

甚内は、それをきくと、黙って、二つの目ん玉を天井のほうにむけた。なにやら暗算をはじめたらしい。

（まさか、自分が出すというのでは、あるまいな）

菅原屋と十三郎は、ドキリとした。浅野屋は、これ以上、金を出せば、ほんとうに、すっからかんになってしまう。一家が路頭に迷うのは、目に見えていた。ところが、甚内はきっぱりいった。

「八百貫文のうち、五百貫文を、わたくし方より出す。のこりの三百貫文は、なんとしてでも、あとの仲間で出してほしい」

菅原屋と十三郎は、ぞっとした。これは、なんとしても、制止せねばならぬと思った。このままでは、ほんとうに、浅野屋の家族は、路上に凍え、餓えて死んでしまう。

このときの菅原屋の表情が、

――菅原屋、承り、眉にしわをよせ
と、『国恩記』に記録されている。近代文学が成立する以前の、ただの事件記録に、これほどまでにリアルにある瞬間の江戸人の表情が描写されている例は滅多にみない。

菅原屋は、なんとも金の助力がほしいところであったが、この甚内の申し出だけはうけるわけにいかなかった。

「重々かたじけない話ではあるけれども、町の益になることではあるけれども、浅野屋さん、それだけは、ひかえてください」

十三郎も、とめた。

「貴殿の身代が潰れてしまえば、みなも困ります。たとえ、大願は成就しなくても、運を天に任せ、もう一度、もとの五千貫文で、お上に願い出るということだって、いいではありませんか」

そういったとき、甚内の目つきが変った。十三郎が、たとえ大願は成就しなくても、といったからである。普段は、無口な甚内が、まるで人が変ったかのように、怒濤のごとく、言葉を繰り出しはじめた。

「いや。千両の高をそろえなければ、嘆願は聞き届けられまい。九合目までのぼってきて、ようやく、頂《いただき》がみえてきたというのに。ご両人のいうとおりにすれば、千に一つも成功するようには見えない」

たしかに、そうであった。萱場は甘い男ではない。時相場で金千両をきっちり献上しないかぎり、絶対に、容赦しないであろう。そんなことは、菅原屋が、いちばんよくわかっている。三人のまわりを、重く気まずい沈黙の空気がつつんだ。

『国恩記』はこのさまを「座敷しらけ居り候」と記している。

そのとき、座敷のふすまが、ゆっくりと開き、甚内の老母が出てきた。

「そのことでございますが」

と、老母は菅原屋のほうを見やりいった。

一同、驚いた。男たちの相談事に、女が差し出てくることなど、これまでなかったからである。

「わたしたちは、これまで衣類を売り払い、家財もすべて売り払う覚悟で、耐えてまいりました。それで千五百貫文のお金をこしらえました。ですから……」

老母が、そういったとき、菅原屋と十三郎は、つぎに何を言い出すのか、もう卒倒しそうになった。老母は、静かにこういったのである。

「ですから……わたくしたちは、もうとっくに、覚悟が出来ております。わたしも、娘も、孫も、わかっております。まだお金がいるというなら、家内の諸道具を売り払うまでのこと。まわりの方には、御迷惑はかからぬはず。どうかお金を出させてください」

十三郎は、泣いた。

菅原屋は、言葉を失った。これほどの捨て身もない。この一家は、宿場を救うために、覚悟の心中をしようとしている。菅原屋は、心を鬼にした。

「わかりました。しかたがありません。ご笑止ながら、お請けいたします」

貴家のまごころは、いまにはじまったことではない。お袋様の心遣いには、ひとしお感じ入り、かたじけなく存ずる。お気の毒なことですが、そうするより外ない。きっぱりそういった。

「安心しました。わが家が悼むのは、最初より覚悟のうえです。町内の難儀を一身にひきうければ、これより先どうなるかは、家内一同もわかっておりますので」

産を破り、家がボロボロになって亡ぶことを、この地方では、

——家が悼む
という。「痛む」あるいは「傷む」というのが、ほんとうは正しいが、吉岡では永代の命をもった家系が死ぬ意味をこめて「悼む」と書いた。

家が悼めば、家族は身を売られ、他人の奴婢・奉公人となって、一家は離散する。甚内の家ではおさない孫までそれを覚悟しているという。菅原屋は、あまりの悲壮さを前に、もう泣く涙ものこっていなかった。

それにしても、「安心しました」といったときの、甚内の顔つきの、なんと晴れ晴れとしたことか。それをきいたときの、老母の微笑みの、なんと、やさしげなことか。これほど満ち足りた人間の顔というものを、これまでみたことがなかった。

「今の世の中に、かほどに、心が一つになった家族をわたしは知りません。お人柄もありましょう」

そういって、深々と頭を下げ、十三郎は菅原屋とともに、浅野屋を辞去した。

萱場杢の狡知のせいで、結局、浅野屋の甚内・周右衛門親子は、二千貫文というべらぼうな金を出すことになった。それでも、まだ三百貫文ほど足りない。

誰かが出さねば、ならない。九人の出資仲間のうち、ひとりだけ、ずるをしている者がいた。

――早坂屋新四郎

であった。早坂屋は、近頃、とみに身代をふくらませ、吉岡宿のなかでご大儀な分限《ぶげん》になっていた。ところが、出資のとき、言を左右にして、半分の三百貫文しか出さなかった。これより出資が少ないのは善八の二百貫文だけである。五、六百貫文出せそうなところを新四郎は頑として出さなかった。

「このばあい、新四郎が出すべきであろう」

みなが、そう思った。

すると、その気配を察したらしく、新四郎はいくら待っても、寄合に、こない。たまりかねた、菅原屋が呼びにいき、膝詰めで、こんこんと説いた。それを新四郎は、虚ろな表情で、聞き流しつづけた。

「わたくしは、どうにもできかねます。どうか皆様でお手立てを」

ひたぶるにそう繰り返した。

「なにも三百貫文だせというのではない。あと九十貫文の増代を出してくれさえすれば、よいのじゃ」

そういっても、合点しない。

言葉の種もつきはてたところで、菅原屋は、とうとう甚内の家族のさまを話しはじめた。

――そのときばかりは新四郎の心が少し和らいだようにみえたと、古文書には記録されている。

一瞬、新四郎の目が赤味をおび、いった。

「そうまで念じられているなら、親類や妻にも相談して、あらためてお返事いたします」

だが、彼の心の雪解けは、そこまでであった。

新四郎は、菅原屋がいないすきを突いて、大肝煎の千坂仲内のところへいき、きっぱりと宣言した。

「家じゅう裸になったとて、九十貫文の半分にもなりませぬ。なにとぞ、ご容赦を」

大嘘であった。早坂屋の身代なら四十五貫文の金はだせる。

きいていた千坂の顔が曇った。腹の底から怒りがこみあげてきたが、代々、大肝煎を世襲する家に生まれた彼は、人前で喜怒をあらわさぬよう躾けられている。辛うじてふみとどまった。

そこへ、菅原屋が駆けてきた。千坂の顔色をみ、新四郎が何をいったか、すぐに察した。

――この嘘つき！

心中、そう叫んだ。ところが、次の瞬間、菅原屋のなかに変化がおきた。きのうみたあの光景、甚内の面ざしがうかんだのである。みれば、大肝煎の前にかしこまる新四郎の手も、小刻みに震えている。はっとした。この男も必死で家族の暮らしを守っているのだ。新四郎が悪いわけではない。嘘をつかせ、民の仲を引き裂き、苦しめているのは、お上のずるさではないか。菅原屋は居ずまいを正して、決然といった。

「千坂さま。きけば、新四郎も難渋しております。これまでの三百貫文を拵えるのも並大抵の骨折りではなかったのです。これ以上の無理強いはやめましょう」

このひとことで新四郎は放免された。あとで仲間に加わった少額出資の善八と新四郎の二人は追加の金を出さなくてよいことになり、足りぬ三百貫文は十三郎たち六人がひきうけ無理を重ねて出すことになった。

十三郎たちは、仲間連中の出した金を奉加帳のように書き連ねてみた。

銭二千貫文　浅野屋（遠藤）甚内信之
銭五百五十貫文　穀田屋（高平）十三郎元珎
銭五百五十貫文　菅原屋（菅原）篤平治斗宜
銭五百五十貫文　大肝煎　千坂仲内賢包
銭五百五十貫文　肝煎（遠藤）幾右衛門
銭五百五十貫文　穀田屋（高平）十兵衛元長
銭五百五十貫文　（遠藤）寿内
銭三百貫文　早坂屋（早坂）新四郎

銭二百貫文　　　　　　　　　穀田屋（高平）善八
都合　五千八百貫文　金子にして千両

とほうもない銭をあつめたものである。五千八百貫文は、
——寛永通宝にして五百八十万枚
にあたる。それにしても浅野屋遠藤家の奮発ぶりには、恐ろしいもの
がある。二千貫文と図抜けた大金を出し、余人を圧していた。これに
くらべれば、大肝煎の千坂や肝煎の幾右衛門の出金はやはり見劣りが
する。早坂屋もそうだ。宿場の者たちが「あの身代ならば、まだ出せ
るであろうものを」と陰口をたたきはじめている。十三郎などはその
あたりの人情の機微を察して心配したが、ともかくも、これで萱場に

請求された千両の金は揃った。

そのときは、ついにきた。それは、明和九（一七七二）年七月一日の丑三つ時（午前三時）のことであったと伝わっている。漆黒の闇に、不気味な音が鳴り響いた。大肝煎千坂家の門を激しくたたく音であった。この音こそ、吉岡宿の人々が、祈るように待っていたものであった。

「吉岡宿より嘆願のおもむきを許可する」

仙台藩奉行連署の下知状《げちじょう》がついに吉岡宿に達せられたのである。

報せをうけた菅原屋は、

「ありがたき幸せ。この年月の待ち遠しさは、みな同じだ」

と叫び、羽が生えたように飛びまわり、嘆願仲間、全戸の戸をたたいてまわった。それで、報せはたちまち、宿場のなかにひろがり、日が昇るころには、だれもが、このうれしい報せに歓呼の声をあげつつ、続々と千坂家に集まってきた。

十三郎、甚内、肝煎・幾右衛門……老いさらばえて杖をついた寿内の姿まであった。

「誰ぞ、おひとり、これを読みあげてくださらぬか」

大肝煎・千坂仲内が、巻物を高々とかかげ、そういった。格式ばってうるさい千坂にしては珍しく粋な、はからいをしたものである。この場合、肝煎の幾右衛門が読みあげねばならない。藩からのお達しは庄屋（肝煎）が読みきかせるものと相場がきまっている。しかし、千坂はわざと先例をたがえた。

そのとき、満座の視線が、いっせいに一人の男の顔に注がれた。

――甚内
であった。

「甚内さん。あんたが、これを読むんだ」

だれともなく、その声があがり、お上の下知をしたためた巻物が、甚内に渡された。

甚内は、頭上高々と、その巻物を押しいただき、

「しからば、拙者が仕《つかまつ》ろう」

と、いった。甚内たち浅野屋の一家は、この輝ける一瞬のために生きてきたといってよい。

甚内の朗々とした声が響きわたった。それは十三郎、菅原屋、甚内たちが望んだ通りの内容であった。彼らの一念はついにお上をねじふせたのである。十三郎と菅原屋が茶のみ話のなかで、この企てをはじめてから、すでに六年の星霜がすぎていた。

こうして十三郎たちの嘆願は通った。しかし、まだ越えねばならぬ山があった。仙台藩の蔵元に耳をそろえて、金千両分の銭を納めねばならないが、その現金がない。石巻の三浦屋惣右衛門から一時的に借金し、みなで、それを返済する手はずであったが、三浦屋が金を融通してくれなければ、終わりである。

「石巻の三浦屋惣右衛門が、約束どおり、無利足で金を貸してくれようか」

その不安があった。

ところが、意外なことに、三浦屋は、約束どおり二千二百五十切（五百六十二両二分）の金を耳をそろえて渡すとあっさり承諾してくれた。あっけなかった。三浦屋に使者にたったのは、菅原屋と十三郎であった。

実は二人は三浦屋が万一、前言をひるがえしたら、その場で、腹を掻き切るつもりでいた。事実、短刀と死装束それに遺書を用意していた。大肝煎の千坂仲内も、これに同道するはずであったが、死ぬのが怖くなったのか病気といって引きこもってしまった。そこで、千坂の代わりに、肝煎の幾右衛門が同道した。千坂は「万一のときは、わしも病床で腹を切る」などといったが、真意は知れなかった。

苗字をもち、武士並みの身分をもつ千坂よりも、菅原屋と十三郎のほうが、切腹の覚悟が定まっていたのは、別段、驚くにあたらない。この時代の百姓町人は、いざとなれば、そういうものであった。

いってみれば、

――廉恥
というものが、この国の隅々、庶民の端々にまで行き渡っており、潔さは武士の専売特許ではなかった。

「お上に金千両用意できますといっておいて、できねば、面目が立たない」

菅原屋も十三郎も、ただそれだけのことで切腹するつもりであった。

無邪気で素朴な廉恥心の持ち主であったといっていい。

さらにいえば、明治になってできあがる近代国家は、この庶民の廉恥心を十二分に利用できたといってよく、この国は、江戸時代に、庶民に染み透ったこの廉恥心でもって、日清日露を戦いしのぎ、昭和の大戦を戦って、ついに崩れた。

話をもどす。命びろいをしたとき、菅原屋と十三郎は顔を見合わせ、

「はあ、生き返った心地。五色の息を一度に継いだ気がする」

と、ため息をつき、ともに笑った。

こうして金の用意ができた。ただこうしている間にも、銭相場はどんどんさがり、十三郎があわてて仙台にいる養子の音右衛門に百二十五両用立てさせることがあったが、ともかくも、金はそろい、明和九

（一七七二）年九月二十二日、とうとう金千両分の銭を仙台藩に完納した。菅原屋が仙台に登ってあちこち駆け回り、仙台藩蔵元・大文字屋に金千両分の銭を、時相場で納めて帰ってきた。

――皆済であった。

これですべてが終わった。年の暮れになれば、下知状のとおり、藩から吉岡宿に利金がはいるはずである。みな、それを心待ちにした。

ところが、十二月の大晦日になっても、藩から音沙汰がない。とうとう年が改まって、安永二（一七七三）年の正月になり、その正月もすぎて、二月になっても、何もいってこなかった。

「おかしい」

吉岡宿の嘆願仲間たちは、あわてはじめた。

このことは記録されておいてよいであろう。仙台藩は、十三郎や甚内たちから血を出し命を削った金を巻き上げておきながら、「利金を下す」という公然たる約束を果たそうとしなかったのである。なんと十三郎たちは、藩から利金の取立てをせざるを得なくなった。

――百姓町人たちが、殿様から金の取立てをする
前代未聞の珍事がここに生まれた。本金を取っておきながら、利子を払わぬ仙台藩は、もはや、ゆすりたかりの類《たぐい》としか、いいようがなかった。

まず、動いたのは甚内であった。二月十日、菅原屋とともに、千坂

のもとをたずね、

「今まで足かけ八年、辛苦に耐えてやってきた。最後のところで不埒なことにならぬようにしたい」

と談判した。

甚内は、はっきりと仙台藩のことを、

――不埒
といった。領主つまり殿様のことを「不埒」と言い切った百姓は、この男ぐらいであろう。

ところが、肝心の大肝煎、千坂の腰がすわらない。

「それは、わしも昼夜、心を痛めておる。しかし、お上のやることに下から責めつけるわけにもいくまい」

保身の言葉であった。そうでなければ無意味な秩序への隷従であった。ただ、千坂はさすがに大肝煎だけあって、すでに仙台に手をまわし、内情をよく知っていた。

「代官の八島様によれば、われらが納めた金千両は、御蔵に差し置かれたままで、いまだに御蔵元へも渡されておらぬそうじゃ」

驚くべきことであった。仙台藩は、あれほどの金欠にあえぎながら、金千両を放置し資金運用に回していなかったのである。組織がタテ割りで、ヨコの連絡がまったくとれていない役所の姿はすでに江戸後期にあらわれていた。

「ただ、お代官様も、そろそろ、お上にうかがいを立てたほうがよかろう、と、仰せであった。今日あたり、その相談をしようと思っていたところじゃ」

(なんと悠長な)

菅原屋は千坂の煮えきらなさに無性に腹が立った。この男は、ほんとうに、困ってはいないのだと思った。なにしろ、吉岡の仲間は借金をして、この嘆願をしている。一刻もはやく、藩から利金をとりかえし、返済にあてていかねばならない。尻に火がついているといってよかった。

甚内と菅原屋は、すぐさま、藩に催促の、うかがいをたててくれ、とせかした。すると、藩のほうから返事がきた。

「利足は払う。しかし、昨年九月に上納されたばかり。来年に支払わせてもらえまいか」

と書いてあった。六十二万石の大藩とも思えぬ、なさけない言い訳であった。しかも、どこで、どう支払うのかまったく具体的なことが書かれていない。たまりかねて、ふたたび、うかがいを出すと、四月五日付で返書がきた。

「勘定所から出金する。受取人を仙台に登らせるように」

こうして、仙台藩はようやく支払いに応じた。粗末というほかない。

四月十日、仙台藩の現金輸送役・御金使の庄右衛門によって、小判四十二両と銭九百十二文が、吉岡宿にもたらされた。まことに、長い道のりであった。

だが、話はここで終わらない。ふたたび仙台藩の出入司・萱場杢が動きはじめたのである。

「吉岡宿への利金が支払われた」

萱場はその報告をうけ、驚きを禁じえなかった。これまで、吉岡宿に、さんざんに無理難題を申し付けてきたことは、彼自身、自覚していた。ところが、吉岡宿は、きっちり金千両を上納してきた。しかも、藩が、支払いを渋っても、ねばり強く交渉してきて、ついにお上から利金を勝ち取った。

(百姓にしておくには惜しい連中だ)

萱場はそう思った。彼の部下には十三郎や菅原屋ほどの者は一人もいない。そこで、代官の橋本に、吉岡の連中が、どうやって金千両を上納できたのかきいてみた。橋本は詳細に説明した。萱場が金での千両納入を命じたため、浅野屋甚内・周右衛門という親子が宿場の辛苦を一身に引き受けると叫んで、多額の負債をひきうけ、一気に、皆済したむねを言上した。

「きっと、浅野屋は潰れ、一家は離散となりましょう。幼い子が不憫でならぬとは、吉岡宿のもっぱらの噂」

と付け加えたかったが、それは言わず、ぐっと呑み込んだ。

このとき、萱場のなかで、吉岡のこの嘆願書を出してきた連中、とくに甚内という男への興味が一気に炸裂したらしい。踏まれても蹴られても、町中の辛いこと苦しいことを、おのれの一身にひきうけて、金を出しつづけるその男に会ってみたくなったというのが正直なところであった。

ただの好奇心といって、よかったが、かといって、そればかりでもない。甚内という男への、いくばくかの好意と敬意が萱場のなかに生じてきていたのも事実であった。

萱場は驚くべき、指示を部下に出した。

「嘆願書をだした吉岡の九人を呼べ。出入司・萱場杢が私宅で直々に対面する」

吉岡宿では、大騒ぎになった。萱場杢といえば、仙台藩の財政民政を牛耳っている大物である。そんなお方が、じきじきに会うといってきた。みな、あわてた。

「五月九日朝五つ時（午前八時）に罷り出でよ」

と書いてある。みな顔をみあわせたが、お上の命である。行くしかない。

大肝煎・千坂仲内、肝煎・幾右衛門、浅野屋周右衛門（甚内子息）、寿内と十兵衛の嫡子、そして十三郎、菅原屋、善八、新四郎の九人が、袖をつらねて、仙台にむかった。

仙台の萱場の屋敷につくと、ほんとうに、萱場杢がいた。いかにも怜悧そうな目つきで九人をみまわし、

「その方ども」

と、一気に語り始めた。一同が、驚いたのは、萱場が、甚内の名前を口にしたことであった。

「わけても、遠藤周右衛門祖父甚内の代より、数年心がけ志願の儀、奇特である」

と、萱場はいい、それぞれに褒美の賞金を分け与えたのである。

事実、萱場は、甚内に、恋着していた。この秀才は、甚内の子、周右衛門の顔を穴があくほどながめ、できうるならば、会って話がしてみたい、とさえ、思うようになっていた。彼の心の中には、案外、甚内のごとき、何かに徹した塊のようなものに、ひきつけられるところがあるのかもしれなかった。

しかし、彼が呼びつけた九人のなかに、甚内は居なかった。子の周右衛門がいるだけであった。九人が去ったあと、萱場は、部下の代官に下問した。

「甚内は、いかがした」

「足が痛むとかで、吉岡におります」

「乗り物を使えば、参れるものを」

「恐れながら、それはかなわぬことかと存じます」

「なぜじゃ」

「甚内は、けっして、馬にも駕籠にも乗らぬときいております」

「ほう」

萱場は、一層、興味をそそられた。甚内が、馬にも駕籠にも乗らぬ、それゆえ、仙台にはやってこない。権威者たる自分に会いにこぬ理由が、それであるという。

「甚内はなぜ馬に乗らぬのじゃ」

「それが……。亡父からの教えだというのです」

「聞かせよ」

「以前、吉岡の連中が、石巻に行こうとしたことがございました。甚内も行くはずでしたが、眼も足もきかないという。乗り物をすすめると、甚内は仲間にこういったらしいのです——死んだ父は、わしに、こう教えた。『冥加訓《みょうがくん》』という書物がある。そのなかに、こんなことが書いてある。心せよと……」

——冥加訓

この不思議な書物が、なぜ、浅野屋（遠藤家）という、みちのくの商家で大切にされてきたのかはわからない。この小さな書物には、とほうもない神秘の力でも宿っていたものとみえ、これを読んだ甚内とその一類が、吉岡の救済事業をはじめている。

十三郎も、幼時、この『冥加訓』の教えをくりかえし諭されたのを覚えている。実家の浅野屋では「貝原益軒先生の御本である」と言い聞かされてきたが、あとできけば、違ったらしい。大坂の版元が、この本を売りたいばっかりに「益軒先生の本」ということにしたのであって、ほんとうは、

――関一楽

という備前生まれの無名の学者の書であるという。

備前は「備前心学」といって中江藤樹や熊沢蕃山につらなる陽明の学のさかんな土地であった。ただ、陽明の学は危険思想として、しだいに禁圧されていったときく。だからこそ『冥加訓』も益軒先生の書として売られたのかもしれない。

ともかくも、浅野屋という小さな家族の思想をかたちづくっていたのは、確かである。いちばんはじめに吉岡宿の救済を志したのは、先代の浅野屋で、十三郎の実父であったが、この父が、幼いころ、こう教えてくれたのをおぼえている。

「人は万物の霊長であるから、牛馬を苦しめ、その背中に乗るような可哀そうなことは滅多にしてはならぬ。ましてや、駕籠のように、人間が人間を苦しめ、肩にかつがれるようなことは、あってはならない。重病でやむを得ず、あんだ（担架）でかつがれるのなら、天命もお赦しになるかもしれない。しかし、歩けるうち、馬に乗れるうちは、同じ人倫の肩を苦しめ駕籠にのるようなことは、ぜったいにしてはならぬ。このことは一生、忘れてはならぬぞ」

恐るべき思想であるといっていい。萱場は、かつてないほど大きな衝撃をうけた。これほど、この時代の矛盾をえぐり、事の本質をえぐったものはなかったからである。藩内最高といっていい彼の頭脳は、甚内のいうところの本質をすぐに悟った。

——人間は尊きものであり、人間はほかの尊い人間を苦しめてはならない。

という理念が、この思想の根幹にある。

しかし、萱場の知性は、同時に、この燦然と輝く正論を転がしていけば、最後に、恐ろしい結論にゆきつくことをすぐに洞察した。

この思想でいけば、

——駕籠に乗ることは人間が人間の尊さをはずかしめる、もっとも卑

しい行い
ということになる。
この思想にしたがえば、駕籠に乗る者は、もっとも人倫をふみにじる卑しい人間となろう。しかし、いまこの世の中で、もっとも駕籠に乗っているものは、誰か。
わかりきっていた。それは、この現世で、もっとも貴いとされている人種、つまりは、萱場たち武士であり、極論すれば、藩主や将軍といった為政者たちであった。吉岡が貧しくなるのも、つきつめれば、彼ら武士たちが、人馬役をこの宿場の人々の肩の上に課すからであった。萱場は、寒風ふきすさぶ山里のなか、浅野屋という小さな家族がはぐくんできたこの恐るべき思想的結論に戦慄した。どうしようもない空しさが、彼の全身を駆け抜けた。

こうして、十三郎たちは、仙台藩から賞金をあたえられた。金封をひらいてみると、甚内の子・浅野屋（遠藤）周右衛門だけが金三両三分と賞金が多めに入っており、のこり八名は、みな二両二分であった。

満願成就のあと、九人は、萱場からの賞金をもって吉岡に帰ることになった。

「目立たぬよう夜中にこっそり帰ろう」

と、誰かがいい、事実そうしたが、それは無駄だった。九人が吉岡宿に近づくと、吉岡の民たちが、手に手に行燈をたずさえ、なんと二、三里も連なって、九人を出迎えに来ていた。まるで、全天の星が連なったような美しい光景であったと語り伝えられている。

吉岡につくと、誰となく、いった。

「この賞金、宿場の者たちに、すべて配ってはと思うが……」

みなが同意した。吉岡の九人は、お上からあたえられた賞金すら、私のものとすることなく、宿場の人々に与えつくしたのである。甚内の申し出で、宿場のなかでもっとも貧しい借家人の一人ひとりにまで、手渡しで、銭二百文ずつがくばられた。

こうして安永三年から、吉岡宿では、暮れに、お上にさしあげた金千両の利金、百両全額がきっちりくばられるようになった。そのおかげもあり、吉岡宿は潤い、幕末にいたるまで、人口が減ることはなかった。

七夕には、毎年、豪華な飾りが、宿場の家々の門前にたてられ、人々の歓呼の声がこだました。十三郎・菅原屋・甚内たちの願いは、ここに成就したのである。


しかし、最後に書いておかなければならないことがある。やはり、十三郎たちには、まわりが危惧したように辛苦が待ちうけていた。とくに浅野屋の甚内・周右衛門親子は、大金を使ってしまったがために、商いの繰りまわしが苦しくなった。

一方で、羽振りがよくなっていったのは、出資のとき、ずるく立ち回り、わずかばかりの金しか出さなかった早坂屋の新四郎であった。

「浅野屋は潰れるのではないか。積善の家には余慶があるというが、そうとばかりもいえぬ。無慈悲な家のほうが富み栄える」

吉岡の民は眉をひそめた。

ところが、である。甚内の浅野屋は信じられぬ挙にでた。浅野屋は酒造のほかに質屋も営んでいて、こちらのほうでも屋台骨をささえていたのだが、ふつうは門前払いにするような極窮人《ごくきゅうにん》にまで金を貸しはじめた。

――極窮人

とは、借金で田畠を失い、飢寒のなか着物までも質草にしなくてはならなくなった貧乏人のことである。たいした質草もなく金を返すあてもないから、この連中を相手にしていては質屋はなりたたない。

しかし、甚内は飢えに瀕して店にやってくる極窮人を丁重にあつかい、金を貸し続けた。たちまち近郷に噂がひろがり、貧乏人が浅野屋に群がった。それに甚内・周右衛門はいちいち応対し、事情によっては質草をとらなかった。ただで金を貸し、あるいは、返金を免じたものは、ついに数十人におよんだ。

「狂ったか。あれでは産が破れる」

十三郎はじめ、みなが憂慮したが、甚内は涼しい顔で、貧乏人に金を貸し続けた。

「金は人が生きるためにある。苦しいときは、おたがいさま」

まったく意に介さなかった。覚悟のうえのようにみえた。

しかし、不思議なもので、そこまで思い詰めて、無私に徹すると、道がひらけてくるものらしい。

「どうせ質屋の金を借りるなら、浅野屋さんのところがいい」

浅野屋の慈悲をあてにして、筋のよい客まであつまりだし、かえって店は繁盛しはじめた。それだけではない。

「浅野屋の甚内が極窮人ども数十人を救っている」

という話が、いつしか藩にきこえた。しかも藩士のなかに告げるものがあって、六十二万石の藩主の耳にまで入った。

――ときの藩主は伊達重村
名君らしいふるまいを好んだ。和歌をよくする書の達人で、数年前、仙台の牢獄に罪人が一人もいなくなったときには、わらべのごとく手をたたいて歓び、町方の役人に酒肴をふるまったこともある。

「甚内とやらの顔をみてみたい」

藩主は、いいだしたら、きかなかった。萱場杢がよんでも、こなかった甚内にどうしても会うのだ、といい、領内巡視の途上、吉岡に立ち寄り、ほんとうに浅野屋の座敷に上がりこみ、御成りを強行した。

しかも、どういうわけか藩主は甚内が、書に秀でていることを聞き知っており、しつらえられた座に鎮まるやいなや、

「そのほうは習池の誉ありときく。なにか書いてみよ」

と命じた。甚内は、たまげた。

しかし、藩主直々の命令である。懸命に筆をはしらせ、書き上げた文字を眼前にはじめてみた斯界最高の権威者に献じた。藩主は感嘆の声をあげ、顔をほころばせ、意外なことをいった。

「では、わしも一つ書いてやろう」

藩主は、浅野屋と共に書をかいて清遊してみたかったのである。自ら筆をとって、なにやら、したためはじめた。

霜夜
寒月
春風

と、三行書いてあった。

「そのほうらは酒屋であろう。これをもって酒銘とせよ」

そう言い残して、この最高権力者は去った。

――浅野屋の酒は殿様が名付け親
大変な評判をよび、酒は飛ぶように売れた。それで結局、浅野屋はつぶれずにすんだ。

おかげで、甚内は、それからも私財を投じて、橋の修補や、道普請をつづけられた。

穀田屋の十三郎はというと、あいかわらず吉岡で子や孫とともに商売にはげんだ。年に一度、お上からの利足金が町中に配られるのが、無上の悦びらしく、毎年、目を細めていたが、それはわずかに四回しか許されなかった。満願成就から四年目の安永六（一七七七）年三月二十七日、五十八歳で死んだからである。死因はわからないが、遺言はほぼ伝わっている。

死に臨んで、十三郎は子供たちに、三つの言葉をのこした。

「ひとつ、わしのしたことを人前で語ってはならぬ。わが家が善行を施したなどと、ゆめゆめ思うな。何事も驕らず、高ぶらず、地道に暮らせ」

「ひとつ、これからも吉岡のために助力を惜しんではならぬ。商売がつづくのは、皆々様のおかげと思うて、日々、人様に手を合わせよ」

「ひとつ、茶を売れ」

茶を売れ、というのは「菅原屋が吉岡に産を興すためにはじめた事業をたすけよ」ということであろう。

偉業を人前で語るなといわれた子孫は、ほんとうにそうした。ただ、十三郎の姿を刻んだかわいらしい木像を密かに作り、家内《いえうち》に納めて

「お堂っこ様」とよび、信仰した。以後、穀田屋では幼い子が悪さをすると、このお堂っこ様の前に引っぱって行き、

「お堂っこ様が見てござるぞ」

と、たしなめた。そのおかげで穀田屋では地道で正直な商売がつづき、ほかの店は絶えても、穀田屋だけは平成まで生きのびた。

十三郎が死んでからも、菅原屋はしばらく生きた。仙台藩から利足金がくるようになっても、菅原屋は余念なく藩との交渉をつづけた。

「吉岡宿が秋に納める年貢と、下される利足金を相殺にすれば、金を仙台まで取りに行く費用がはぶけ、年越しまでに町民に配れる。なぜそれができぬか」

そんな提言をして、藩をやりこめ、ついに認めさせたりした。

ところが、菅原屋は長年連れそった愛妻に先立たれると、みるまに弱って、一年ほどであっけなく死んだ。六十五歳であった。子がなかったのか、菅原屋は跡が続かず、知人があつまって、弔《とむら》いをした。吉岡宿の救済は菅原屋が道をつけたようなものだから、皆が遺徳をたたえ、

——徳翁道輝居士

と、まるでお侍のような派手な戒名をこしらえ、墓に刻んで丁重に葬った。菅原屋はその知恵でもってお侍にうち勝ったのだから、逝くにあたって、それはふさわしい名であるのかもしれなかった。

最後まで生きたのは、十三郎の弟の浅野屋遠藤甚内であった。

甚内は、天明の飢饉で、飢える近郷の百姓にさんざん米粟を配って

救ったのち、享和二（一八〇二）年九月、病の床についた。死に臨み、菩提寺の九品寺から僧侶がよばれた。甚内は、だれよりも寺に浄財をおさめており、檀越総代でもあった。僧侶は、作法の通りに、これを美称しようと思ったらしい。

——善誉院慈慶居士

という戒名を用意して浅野屋をおとずれた。浅野屋は「遠藤」の苗字を公許されており、なにしろ藩主の御成りまであった家なのだから、院居士号をつけるのは、寺としては、当然のことであった。すでに菅原屋の篤平治は「居士」となって墓に入っていたし、菅原屋よりずっと家格の高い浅野屋の甚内には院居士号をつけなければ座りが悪かった。ところが、死期のせまった甚内は最後の力をふりしぼって、何か

言おうとした。その場にいた親族が、乾いた唇に耳をよせると、

「末期にひとつだけたのみがある」

と苦しそうにいった。

「なにか」

ときくと、

「居士などにはなりとうない。戒名は、みなと同じ、信士にしてくれ」

と蚊のなくような声でいい、静かに息をひきとった。行年七十五。まことに、おだやかな死顔であったという。

「天性謙遜」

僧侶が、あきれたように、そうつぶやいて帰っていったという話が

伝わっている。
――善誉慈慶信士
墓には一文字みじかくなった戒名が刻まれた。

本書は、株式会社文藝春秋のご厚意により、文春文庫『無私の日本人』を底本としました。但し、頁数の都合により、上巻・下巻の二分冊といたしました。

無私の日本人　上

（大活字本シリーズ）

2021年5月20日発行（限定部数700部）

底　本　文春文庫『無私の日本人』

定　価　（本体3,100円＋税）

著　者　磯田　道史

発行者　並木　則康

発行所　社会福祉法人 埼玉福祉会

埼玉県新座市堀ノ内3―7―31　〒352―0023

電話　048―481―2181

振替　00160―3―24404

印刷製本所　社会福祉法人 埼玉福祉会 印刷事業部

ISBN 978-4-86596-433-2